その料理、秘められた狂気

奥田 透 [銀座小十・店主]

ごま書房新社

まえがき

走り続けた。とにかく走り続けた。

18歳で料理の世界に入り、36年間脇目も振らず走り続けた。

そもそもは、ものを作ることが誰よりも苦手だった。

料理など作ったこともなかった。

勉強もわからなくなり、大学進学を諦め、見つけた仕事が料理の世界だった。

料理の世界は、学歴も家柄も、持って生まれた身体能力も全く必要とせず、私にすべての可能性をくれた。

不器用な自分でもやればできるようになると信じ、一度しかない人生のすべてをかけた。

自分の中にある、行き場のないプライドは、すべて料理で表現すると決めた。

人より努力し、勉強し、行動する以外に手段はなかった。

そこからは、どうしたら上手になれるか、どうしたらおいしい料理ができるか、どうしたらお客さまから認められるのかを、毎日毎日考えた。

刺身の切り方、鮎《あゆ》や鰻《うなぎ》の炭火焼き、出汁《だし》をとる、野菜を煮る、やればやるほど、知れば知るほど、次の扉が開き、見つけること、捕まえることのできない深みにはまっていった。

最高の料理、究極の料理とはなんなのか。求めれば求めるだけ、答えがわからなくなる。

ただ死ぬまでに、これが〝究極〟だ、を見つけるつもりでいる。

そして料理の世界だけは、こんな私の毎日を裏切らないと信じている。

本書はたかだか36年間ではあるが、私が日本料理と日本料理界に向き合ってきたわずかな出来事を、現役の料理人の皆さま、飲食業界を目指す若者たち、そしてグルメファンの方々のお役に立てればと思い書きました。

２０２３年11月　銀座小十　奥田透

◉目次

その料理、秘められた狂気

第7話

活き締め
世界の魚料理を変える

第8話

包丁
「切る」＝包丁

第9話

器
和食器

第10話 経営

店主として。

第11話 神さま

人生に偶然はない。導かれて今がある　私の神さま

第12話

50歳を迎えて

50歳で考える

STAFF
装丁■穴田淳子（ア・モールデザイン室）
編集協力■尾﨑久美
校正・校閲■アネラジャパン

第1話

鮎

「夏」を表す日本料理の最高峰

◇私が求める究極の鮎の塩焼き◇

鮎を焼きながら、何人もの若い料理人が悔し涙を流してきた。

焼き台の前で立ちすくむ者もいた。

それだけ、塩焼きで究極の鮎を表現することは難しい。

私の求める鮎の塩焼きは、素材そもそもから焼き上がるまでに100の工程があると言っても過言ではない。焼くだけで約1時間集中させ続けて、やっと出来上がる作品なのだ。

何年もの間、1シーズンに試食だけで500匹もの鮎の塩焼きを味見する私の腎臓は、塩分の摂り過ぎで悲鳴を上げている。それだけ真剣に鮎と向き合った果てにやっと出会えるのが、究極の鮎の塩焼きという料理なのだ。

一般的に料理の味というものを考えたときに、おいしさのストライクゾーンというものがある。ストライクゾーンの中に、インコースやアウトコース、高め、低めといったバリエーションがあり、たとえ〝おいしい〟のど真ん中から少し外れていたとしても、おいしさのストライクゾーンに収まっていれば、おいしく感じる。

つまり、少し火を入れる時間が長くても、醤油の量が少し足りなくても、このストライクゾーンに入っていれば、「おいしい」と感じられるものだ。

多少のズレは、食材の良さや味付けなど、なにかしらがカバーしてくれる。

ただ、私が求める鮎の塩焼きだけは違う。おいしさにストライクゾーンのような範囲はなく、ただ一点でしかないのだ。その一点からボール半分だけでも外れてしまえば、もうおいしくない。それは私が求める鮎の塩焼きではない。

鮎の塩焼きをおいしくするのは、素材、塩、炭、焼き手の4つ。シンプルなだけに、一切のごまかしは効かない。

だから、焼き手も私も真剣に鮎と対峙し、来る日も来る日もおいしさのストライクポイント一点を狙ってボールを投げ続ける。

プロ野球のピッチャーはボール半分狙ったところから外れただけで、逆転ホームランを打たれ試合も決まれば、人生も変わってしまう。勝負どころの一球に対して、どれだけの集中力を持って、バッターに挑むだろうか。そしてその一球がどれだけ、野球人生を左右するものだろうか。我々料理人もプロとして、一品の料理がどれだけその日の食事の良し悪しを左右しているだろうか。1粒の塩、1滴の醤油、1㎜の薄い、厚い、数秒のちょっとした火の入れ具合まですべてにおいて、神経をすり減らさなければ、プロの料理人とは言えないだろう。私の求める鮎の塩焼きは、私がプロの料理人であるというプライドを示す譲れない一品なのである。

❖他の店とは違う鮎の塩焼きを出す❖

鮎は、もともと日本料理にとっては特別な食材だ。

季節を大切にする日本料理において、夏を表す食材の筆頭が鮎。日本以外の海外ではあまり聞かない食材で日本でしか料理をしないと言ってもいいだろう。鮎はそもそも友釣りという手法で釣られ、少しの例外はあるにしても、日本全国の川で6月1日から鮎の友釣りが解禁される。そしてさまざまな鮎料理は全国各地に存在し、最近では日本においてのフランス料理、イタリア料理、中華料理など、他ジャンルの料理でも夏の料理として、登場するようになってきた。しかしそんな数多くある鮎料理の中で、一番の花形は鮎の塩焼きだ。シンプルな鮎の塩焼きこそ、すべての鮎の魅力が詰まっているのだ。

なぜなら、鮎という食材の素晴らしさを引き出し、個性を最も表現できる料理だから。苦みや甘みを含んだ味わい、そして「香魚」とも書くほどの豊かな香り。これらを最大限に味わえるのが塩焼きである。

しかし、塩焼きこそが最高峰であることを、どれだけの料理人が本当に表現できているのか。

実際、私自身が若いころは、それほどおいしいとは思っていなかった。それは、鮎の素晴らしさを最大限に表現した塩焼きに出会っていなかったからだと、あとから思い知ることになる。

若いころ、京都の鮎料理の老舗『鮎の宿つたや』さんで勉強をさせていただいたときに初めて生きた鮎を炭火で焼く鮎の塩焼きを知り、そのときの衝撃は今でも忘れることはありません。調理場だけではなく、店全体に香ばしい炭の香りとともに、ほろ苦くも甘い鮎の独特な香りが漂い、22歳の若者には味わったことのない大人の世界だった。私はそのときから鮎の塩焼きというシンプルな中にも奥深い料理の魅力に吸い込まれていく気がした。

その後、お世話になった徳島の名店『青柳』さんもやはり鮎の塩焼きは炭火を使っていた。ただその焼き方は京都のつたやさんとは全く違うものであった。どちらも天然の生きた鮎を使っていたことに変わりはないが、焼き方の理論は両極端に違っていた。

京都のつたやさんの鮎は、炭と鮎との間が1㎝から2㎝もないほどの近火であり、鮎の脂が落ち始めたら、何回も仰ぎ始め強火で一気に脂を抜いて香りを付け、仕上げるという焼き方だった。今まで焼き魚といえば、遠火の強火という日本料理の定義とは大きく違う、独特な焼き方だった。ただこの焼き方がおいしい鮎の塩焼きを生み出していたことに間違いはなかった。22歳の当時の私には、なぜおいしくなるのか、その理屈がわからないくらい不思議なおいしさだった。

徳島の青柳さんは、炭台の仕組みが炭と食材との距離がある程度の距離を保てるように設計されていた。そして鮎の塩焼きの理論は明確であり、また当時は専門誌でも数多く取り上げられるほど、独特なものだった。

頭は唐揚げ、身は塩焼き、尾っぽは干物のように、こう聞くと鮎の塩焼きの理想はこういうことなんだろうなと感じる人が多いと思うが、これだけ明確に表現ができ、なおかつ、イメージ通りに焼き上げるという店はなかったのではないだろうか。

まず焼き魚というのは、魚を炭台の上に平行に置き、炭は均一に並べ、魚のどこの部位も同じ温度で同じように焼き上げる仕組みを基本とする。

鮎をこの理屈で炭台にかけるとどうなるだろうか。

一番真ん中の身が上手に塩焼きに焼けたときには、頭はまだ硬く焼き切れておらず、尾っぽは逆に焦げてボロボロになっている。鮎の塩焼きを頭から尾っぽまで一匹丸ごと食べることを定義とするならば、真ん中の身の部分はおいしく焼けていても、あとは失敗作である。では、頭は唐揚げ、身は塩焼き、尾っぽは干物のように仕上げるにはどうしたらいいのか。まず、焼き台の上に平行に置いていた鮎を、尾っぽのところだけ鉄の棒や板を増やし、1段から2段高くし、頭が低くなるように傾ける。

そして、均一に並べていた炭を頭のほうだけに集中させて並べる。

こうすることによって、鮎の脂は均一にぽたぽた落ちることはなく、高くなった尾っぽのほうから身を伝って流れていき、頭のところに脂が溜まる。また炭を鮎の頭のところに集中させることによって、頭のところが一番高温になる。鮎の頭に集まった脂と下にある炭によって頭の部分がジュクジュクと鮎の脂によって自然と唐揚げになっていく。

身の部分は炭の香りとともに塩焼きになり、尾っぽの部分は仰いで届く温風により、高温でパリっとした香ばしい干物に仕上がっていく。

これで「頭は唐揚げ、身は塩焼き、尾っぽは干物のように」が実現する。

鮎の焼き方の正解は一つではない。きっとまだまだあるに違いない。どちらからも素晴らしい学びができただけではなく、私は私の焼き方の正解を見つけたいと強く思った。一匹の鮎に塩をあて、炭で焼くというシンプルな料理の中にどれだけ複雑で計算し尽くされた理論が詰まっているのだろうか。私はまた料理の世界の深みに入っていった。

銀座で店を構えてからは、夏になると生きた鮎の炭火焼きを提供していた。

焼き方は徳島の青柳さんで習った焼き方を基本としていた。

京都のつたやさんの焼き方は焼き台の仕組みがあまりにも特殊で、少し現実的ではなかった。私が用意した焼き台ではいろいろな意味で難しかった。

尾っぽの高さを少し上げ、脂を頭のほうに集中させ、炭も頭のほうに積み上げて、頭を唐揚げ、身は塩焼きに、尾っぽは干物のように、理想とする焼き方を再現し、これが鮎の塩焼きだ！　そう思っていたのだが……。

あるとき、接待で店をご利用いただいているお客さまたちが、商談で話が弾んでおられたのか、お食事の進み具合が想定より遅いということがあった。

鮎は、ちょうどいいタイミングで提供することができるように焼いていたのだが、想定した時間にはまだ、お出しすることができなかった。

「もうこれ以上は待てない！」というギリギリまで待ったので、火から外したりまた温めたり、結果的には長い時間をかけて焼くことになってしまった。見た目は、残念ながらあまり良くない。

〈お客さまに、最高においしい状態で召し上がっていただけなかった〉

そう思いながら、なにかトラブルがあったときのために予備に焼いておいた鮎を食べてみると、これがとてもおいしい！

鮎は、まるで全体が唐揚げのようにカリカリとして、思いがけず別の食べ物になっていた。

もしかすると、私の焼いていた鮎の塩焼きはまだまだ先においしい頂点があったのかもしれない。そう考えた私は焼き手と相談し、試行錯誤をしながら今までより焼く時間をもっと長く、それと同時に炭の火力、仰ぎ方の強弱など、すべての仕組みを変えていった。まだまだ、もっともっと、今まで塩焼きにしていた身の部分をすべて唐揚げのように、よりハードでドライな食感に仕上げていった。

そして、すべてが進化した鮎の塩焼きが誕生した。

見た目は、頭は鮎の脂により黒光りし、身はバーボンウイスキーのように黄金色に輝き、そして温風によりパンパンに膨らみ、尾っぽは薄いガラスのように今にもパリっと割れそうに繊細なものになった。

そしてなによりも頭から一口食べると、一瞬にしてバリバリっとはかなく崩れ落ちていく。

こんな鮎の塩焼きがあっただろうか。あと30秒長く焼いていたら、焦げて苦くおいしくなくなり、これ以上少しでも温度を上げると身がカスカスになってしまう。

あくまでも、仕上げる頂点が点であり、極限まで来たような気がする。

これだと思った。

夏になると、日本中で鮎の塩焼きを食べさせる日本料理屋はたくさんある。

しかし私がたどり着いた鮎の塩焼きは、どこにもない私だけのオリジナルの作品である。

あまりにも他の店では体験できない極限の鮎の塩焼きであり、逆にこの料理が受け入れられなければ、それはそれでいいと思った。

私の鮎の塩焼きは、おいしい鮎の塩焼きを目指すのではなく、すごいと言われる鮎の塩焼きを目指すと決めた。お客さまのさまざまな好みにブレることなく、自分の目指す鮎の塩焼き、この一点を目指すものなのだと、焼き手はもちろん、すべての従業員と価値観を共有した。

おおよそ10年前から始まったこの鮎の塩焼きは、毎年この鮎の塩焼きを食べるためだけに、たくさんのお客さまが訪れる当店の名物料理となっていった。

❖生きた鮎でなければならない❖

この究極の塩焼きを実現するために、必要な条件は3つある。その1つ目は、生きたままの鮎を調理すること。

その理由は2つ。

まず、鮎のおいしさは苦玉《にがだま》、つまり胆のうにあること。鮎の苦玉は甘苦く、なんとも言えぬ鮎らしい味わいが魅力的で、一般的にはお腹の部分が、西瓜《すいか》やきゅうりの香りがすると、いわれているところだ。

胆のうは臓器なので、生き物が死ぬとどうなるだろうか。死んだ瞬間から劣化が始まり、甘みが抜けて苦みが強くなる。そればかりでなく、臭くもなってくる。

苦玉のおいしさを引き出すためには、焼くその瞬間まで鮎が生きていることが大切なのだ。

もう一つの理由は、鮎は死ぬとその脂もどんどん劣化して抜けてしまうこと。

一般的には、鮎以外の魚は獲れたてで死んだばかりでは、まだ体に脂が回っていないので焼いてもおいしくない。新鮮なだけで、味がしないのだ。

少し時間が経って、死後硬直が解けて魚の筋肉が柔らかくなっていくときに脂が全体に回っていき、それとともに味が乗っておいしくなっていく。だから、普通は内臓を抜いて血合いを拭き取る下処理をしてから、魚の大きさに応じて何日か置いて（大きいほど時間を置く）から調理する。

ところが、鮎は死んだ瞬間にすぐ脂が消えて、パサパサになってしまうのである。死んだ鮎を塩焼きにしても、味わいも口当たりも満足な仕上がりにならない。

どんなに天然鮎の産地として有名な川で獲れたとしても、死んでいれば全くもって意味がない。だから生きた鮎であることは絶対条件だが、仕入れにはなかなか苦労してきた。

初めは生きた天然鮎を求め、全国の取扱業者を探し回った。京都、徳島、静岡、ほんのわずかな業者さんや、友釣りをやっている個人の釣り人の方にも頼みに頼んで、とりあえず銀座まで送っていただいた。ある程度、実績を持っている業者は他店との競争、取り合いも多く、そもそも雨の多い梅雨の時期は、鮎を釣ることも不可能に近く、シーズンが始まっても何日も鮎のない日が続いた。しかし、せっかく鮎を楽しみに来店されたお客さまに、「今日は鮎が入りませんでした」と言うのは、とても心苦しいものだった。

さらにせっかく獲れた鮎を生きたまま運ぶのは至難の業だった。

生きた鮎を運ぶには、酸素を入れた水風船のような形で、一袋に10匹〜15匹入って運ばれてくるのだが、鮎はデリケートなので、光や温度のちょっとした違いですぐに死んでしまう。鮎自身の尿によってダメになることもしばしばなのだ。

なので、銀座の店に届くときには、半分近くは死んでいた。

すべてにおいて、居たたまれない気持ちになった。

そもそも段ボールに水を入れた荷物を運ぶということは、運送業者が割れたときの水漏れのリスクを背負うことにより、一番やりたがらない品物で、運送業者とのやりとりも大変なものがあった。

東京銀座で天然の生きた鮎を提供し続けるのは不可能ではないか……。

困っていたところ、「天龍鮎」という素晴らしい素材を紹介してくれたのは、青柳で修行の苦楽を共にした『日本料理龍吟』の山本征治さんだった。

「天龍鮎」は、養殖の範疇に分類されるものの、素材としては天然の稚鮎と比べて遜色のないものだった。

天然の鮎は、本来なら秋に川の下流で孵化した稚魚が川を下って海にたどり着き、河口の浅瀬で冬を過ごしてから春には群れを作り、川を遡っていくものなのだ。川の中流付近で、群れから離れていく。

ところが、今の日本にはこの鮎の一生を実現できる川が存在していない。だから、「天然」として出回っている鮎もすべて、実は養殖業者が上流で稚魚を放流し、自然の中で育っていったものだということになる。

そして私の求める小さな鮎は、上流から流して間もないまだ養殖の鮎が天然化する前のものである。

「天龍鮎」は、川の中に柵を作り、その柵に対して本流と同じような川の速さを作り、本流と変わらない運動量を作る。そして、本当に小さな稚魚のときは死なせないためにわずかな餌を与えるが、そこから先は餌を与えず、川の中の自然な藻を食べさせ成長させる。なので、天然の鮎の特徴と同じようにヒレは大きく、黄色い斑点もしっかり見られる。そして、生命力も強く、輸送の途中で死ぬことも少なく、安定的に仕入れることができることも魅力だった。

❖国産の備長炭で焼かなくてはならない❖

究極の塩焼きのための2つ目の条件は、国産の備長炭で焼くこと。

電気、ガス、オーブン、フライパン。なにを使ったとしても、鮎に火を通すことはできる。ただ、それでは鮎のおいしさを十分に表現できない。

鮎は「香魚」と書くほど香りが大切な魚。炭だけが、この香りの魅力を最大限に引き出せる。焼いている途中で鮎自身の脂が炭に落ちると、ジュッと薫香が立ち上り、鮎に戻ってくる。

つまり、炭の力によって鮎は、自身の脂を燻《いぶ》した香りで最高の味付けを施せるというわけだ。

また、炭火から放射される遠赤外線で、表面はパリッと、中はふっくらと焼き上がるようになっている。

遠赤外線は食品の表面で効率よく熱に変わるため表面の温度上昇が速く、パリッとした焼き色が付きやすい。食品内部へは伝導伝熱で熱が移動していくので、表面温度の上昇が速ければ内部温度の上昇も速くなるのだ。

そのため、内部の水分を逃さずふっくらと焼き上げることができる。

ガスや電気など他の焼き台で調理しても、水分が抜けてぺちゃんこになり、鮎独特の香りも付かない。

そして、ひと言で「炭」と言ってもその品質は千差万別。良い炭で焼くほど、炭火焼きの効果は味として表れるので、やはり信頼できる国産の備長炭を使うようにしている。

◇体長15〜16㎝の鮎でなければならない◇

究極の塩焼きのための最後の条件は、体長15〜16㎝の鮎を使うことだ。

雨が川の流れを刺激する梅雨時には、鮎の餌となる藻はあまり育たないので、その時期には鮎も砂や砂利を飲み込んで体を重くし、川底のほうでじっとしている。

やがて梅雨が明けると藻が育ち、砂や砂利を吐き出した鮎がそれを食べて、最終的には9月中旬に体長25㎝ほどにまで成長するのだ。藻は川によって個性が違うので、藻を食べて成長した鮎は〝その川の個性〟というものを帯びている。

しかし、頭から尾っぽまで一匹丸ごと食べる塩焼きに適した鮎は、まだ川の個性が感じられない15〜16㎝の小さな鮎。藻が育つ前の、6〜7月ごろに獲れる若鮎だ。

そのサイズがベストだ。

「○○川で獲れた鮎です」を売り文句にする店は少なくないだろう。しかし、先にも述べたが、毎日天然の小さな鮎を安定して提供し続けるのは、到底無理な話である。私はこの「天龍鮎」を使って生きた鮎を炭で焼くテクニカルの極み、ここだけにこだわった、食べたときに味わったことのない不思議な食感を楽しんでいただきたいのだ。なので、鮎のコンディションはもとより、この15～16㎝というこのサイズでなければ、表現できないものなのだ。

また、6～7月に獲れる若鮎はまだ骨が柔らかく、頭から丸ごと食べることができる。そして最大の特徴は、苦玉を堪能できること。

鮎の一番のおいしさは、苦玉にある。若くまだ小さい鮎は、体に比して苦玉の割合が大きくなる。人間もそうだが、体が大きければその分だけ内臓も大きいわけではない。体の大きさに関わらず、内臓の大きさはさほど変わらないものだ。

だから、小さい鮎は体の中の苦玉の割合が高いので、それだけおいしい部分が多いということになる。

それ以上大きくなってしまった鮎は苦玉の割合が減るので、その分だけ蓼酢《たです》などで味を足しながら食べないと、おいしくないのだ。

それだけでなく、頭も骨も硬くなって食べられないし、身はパサついてしまう。とても究極の塩焼きには成り得ない。

では、逆にもっと小さい鮎だったら？

小さな鮎は炭火による遠赤外線効果の中から膨らもうとする独特な火力に耐えられず、バランスの良い作品に仕上がらない。

魚体も小さく、脂も少ないため、理想とする炭火焼きにならない。

ちなみに、この15㎝に満たない小さな鮎は天ぷらや唐揚げには一番向いている。衣を付けて、油に入れることにより、均一に水分が抜けていき、味が凝縮して鮎の旨味が詰まり、頭も骨も柔らかく、カラッとして食べやすい。

鮎の炭火焼きの苦玉の苦みと身の甘さを堪能でき、脂も程よく乗り始め、姿も美しく焼き上がり、丸ごとおいしく食べられる体長15～16㎝の若鮎が手に入るのは、6～7月。

だから私たちも鮎の解禁日である6月1日から7月31日までを「鮎の塩焼きシーズン」と決めて、その期間に毎日お客さまに最高の鮎の塩焼きを味わっていただくためにあらゆる手間を惜しまない。

6月1日の初日に、100％の完成度の塩焼きを焼けるように、そのかなり前から鮎を仕入れて焼き手と私は身と魂を削りながら準備を始める。

◇6月1日には100%の鮎の塩焼きをお出しできるように◇

人が作る手作りの料理は、たくさんの数をこなすことによって完成度が増していく。鮎の塩焼きも同じである。6月1日から焼き始め、2週間、3週間すると上手になっていく。これは普通に想像のできることだ。しかし料理というものが商品である以上、6月1日に鮎を召し上がったお客さまと、仮に6月20日に鮎を召し上がったお客さまに対して、万が一仕上がりの違う鮎を商品として同じ金額をいただくことは、あってはならないことだ。そして銀座に食事に来るお客さまの多くは経営者、もしくは大きな会社の取締役を務める方も多く、年商何十億や年収何億円というお客さまが、その日のご自身の仕事を5時、5時半に整理をつけ、6時、6時半にご予約をいただいている。また女性客も今日の服、今日の靴、今日のバッグなどを言わずと知れず、気にかけてたった15㎝の小さな鮎の塩焼きを食べるためだけに、1日のドラマは生まれる。そんなお客さまの言わずと知れた期待に100%応えることができなければ、プロとしての仕事は成立しない。よって早い段階から鮎の塩焼きの練習に練習を重ねる。焼き手が経験者であれば3週間ほどの準備で済むが、経験のない者が焼き手となるなら、4月から練習を開始することもある。プロスポーツのチームが開幕を迎えるのに際して、キャンプを張るのと、同じ理屈である。

焼き手は、基本的には4人。しかし、急な休みが入ることを考慮したり、来年のために早めに経験をさせておこうと考えたりすれば、あと1、2人は焼けるようになっておく必要がある。

だから、毎年5～6人の料理人が鮎に挑む。


初めの1週間は、正確に焼けるようになることを目指して、8～10匹焼く練習をする。

まず鮎に串を打ち、高い位置から精製された粗塩を振る。もちろん、部位によって振り方は違う。

そして焼き台の手前に炭を積み、いざ焼き始めたら、火加減を調節しつつ尾ビレをピンとさせたり口を開けて水分を蒸発させたり、さまざまな手順を一つ一つつぶしていく。

もちろん、火を当てる位置やうちわであおいで熱風を送るタイミングなど、すべてに意味があって、それらの集大成が究極の塩焼きとなって表現されるのだ。

この手順を体に染み込ませ、「焼く」という作業を自分自身にすり込んでいく。

次に鮎の数を増やして、20匹を一度に焼く練習に入る。

完璧にできたと思っても、量が増えただけでその完璧さが損なわれてしまうことはある。どんな仕事でもそうだ。しかし鮎は、数が増えたからといって、おいしさの一点から少しでもズレてしまったらいけない。私はそれを許さない。

だから、お客さまの数が増えても同じレベルの鮎をお出しできるように、練習で焼く鮎の数も増やして対応力を付けていく。

それができたら最後に、鮎に串を打ってから50分～1時間で焼き上げられるようにしていく。

料理は順番にお出ししていくので、お客さまがいらしてから鮎を召し上がるまでの時間を計算し、ちょうどいいタイミングで完成された作品としての鮎の塩焼きをご提供したい。そのためには、50分～1時間で焼き上げる必要がある。一般的な塩焼きには、こんなに時間はかからない。しかし、私が求める究極の鮎の塩焼きは、時間をかけて水分を抜いてカリカリの唐揚げのようにしていくため、非常に時間がかかるのだ。

私はこの練習期間だけで200から300匹の鮎を試食することになる。

そして朝起きると毎日、潮を吹いており、なにを食べても、なにを飲んでも、塩の味しかしない異常な状態になる。このシーズンは魚の塩焼きは口にしたくもなければ、見たくもない心境になる。万が一この時期に人間ドックでも受けようものなら、塩分による腎臓の数値が尋常じゃなく、おかしい数値になり、担当医もまさか鮎の塩焼きを200匹も300匹も食べているとは理解できず、おかしい体になっている。

練習という名のこの特訓は3段階を経て、6月1日には100%の鮎の塩焼きをお出しできるようにする。これは簡単なことではなく、料理人にとっても私にとっても魂と腎臓を削るほどの努力と集中を必要とする戦いである。

❖焼き手と徹底的に向き合う❖

「戦い」というのは、決して大げさではなく、おいしさの一点にぶち当たるまでひたすら努力と集中し続けていると、普通の精神力ではいられなくなる。

焼き手がただ鮎の塩焼きのみと向き合い、それ以外のことは一切考えられない環境を作り出す。

私は焼き手の傍らに立ち、調理の指示をし続けるだけである。来る日も来る日も鮎を焼き続け、焼き上がった鮎に対してダメなところを10個言わせる。なに一つ褒めることもない。なぜなら一点を求める仕上がりはダメなところをすべてつぶしていくところから始まる。数多くのダメなところに気付くのが大事であり、いいところを見つけている暇などない。そして毎日の反省点を言葉だけでなく、ノートに書き活字に残し、また次の日のために復習をさせる。この繰り返しが少しの進歩を生み出す。そして最後、料理はその作り手の癖や習性、性格はもちろん人生観まで現れてくる。そもそも理解力の遅い者、そもそも不器用な者、串を打つことから始めて丁寧な仕事ができない者、プライドだけが高く、冷静に今起こっていることが理解できない者、臆病で常に一歩引いてしまう者、大人しくて優しくて強い自分を表現できない者、挙げだしたらキリがないほど、一人の人間自体が持っている多様な感情と、一人一人の多くの個性的な性格に、鮎の塩焼きというシンプルな料理をもとに毎日向き合い、焼き手自身の内に秘めている感情すべてに問いかける真剣勝負だ。

私自身は、どれだけ恨まれても、どれだけ憎まれても、求める鮎の塩焼きのために一切の妥協はしない。

こんな毎日のやりとりで、いつしか焼き手自身の自我もなくなり、無の境地に入っていく。私のかける言葉すらも耳に入らず、〝うるさいな〟くらいに思えてきたら、目の前の鮎の塩焼きだけに集中し始め、自立していく。そのときから彼ら一人一人の作品作りが始まる。気が付くと、私も焼き手も同じ方向に向かっていくのだ。鮎を焼くという数多くの理論と、焼き手の向き合う姿勢や感情が一つにならないと、究極の鮎の塩焼きは生み出せない。こうして銀座小十の鮎の塩焼きは生まれていく。6月1日の初日に向けてできることのすべてをやる。私の負けられない戦いは6月1日から始まる。

第2話

鰻

私の料理観を揺るぎないものにした天然大鰻

◈徳島青柳で出会った天然大鰻◈

今でも忘れることのできない、私にとって衝撃的な出会いだった。

修行していた徳島の料亭『青柳』で見た吉野川で獲れた2kg以上の天然大鰻は、私の料理人人生を大きく変えた食材であった。

その大きさと、その迫力、その生命力溢れる力強さは言葉にすらできないすごさがあった。この食材をどう料理するか……。あまりの食材のすごさに料理経験の少ない者は、一歩も二歩も引いてしまうだろう。

例えば、車の免許を取ってもすぐにベンツを乗りこなすことができなかったり、社会人1年生が、アルマーニのスーツを着こなせないのと、同じ感覚ではないか。

日本料理店の鰻料理は、時代の中でいくつもある。八幡《やわた》巻きや柳川鍋、棒寿司などさまざまである。

しかし、この大きな天然鰻のすごさや迫力は、そんな料理では表現することができない。

〈どう料理として表現したらいいのだろう？〉

答えはずばり、蒲焼きだ。

徳島青柳で見た天然大鰻の蒲焼きは、私の料理観を大きく刺激した。

2003（平成15）年7月、東京銀座でカウンター6席、座敷が2つ、わずか20坪足らずの小さな店を33歳で開店した。開店当初はただただ必死なだけだったが何カ月か過ぎていくうちに、自分の料理、もしくは料理への哲学、信念など、いろいろと考えることがあった。

そんなときにふと、徳島青柳で見たあんなすごい鰻が手に入ったらなと、思うようになった。築地の業者さんに頼んで、探してもらったところ、「奥田さん、あったよ」と、嘘のような返事が返ってきた。早速仕入れてみると、大きな天然鰻だった。

涙が出るほどうれしく、〝勝てる〟と思った。

聞いてみると、大きな天然鰻は鰻屋さんでも扱いが難しく、味も大味だといわれ、あまり人気がないそうだ。

そんなことはない。私はこの大きな天然鰻のすごさを誰よりも知っていた。

そもそも、鰻業界は99・6％が養殖の鰻で、残り0・4％のみが天然の鰻である。

これは避けても通れない現実であり、1000分の4匹の天然鰻の中でも、1kg以上ある大鰻と呼ばれるものは、1〜2％しか存在せず、数字的には10万匹の4匹〜8匹。わかりやすく言うと、いないということだ。

そして99・6％の養殖鰻は鰯《いわし》の配合飼料を餌にし、病気にならないように抗生物質も入っているという、当たり前ではあるが人間が作り上げた商品なのである。

だから「鰻」という名前だけが一緒であって、全く別物である。

また1kg以上の天然大鰻は軽く10年は生きているといわれている。

人間は10歳を迎えることはできるが、鰻が10年生き延びるには、相当な修羅場を潜《くぐ》って生き延びている。つまり人間よりも生命力は強いのだろう。

私の経験値の中では、300gくらいの小さい天然の鰻はすごさを感じず、まだ成長途中にあり、あまり自然の餌にありついていないので、脂も乗ってなく、同じ大きさであるならば、養殖の鰻のほうが餌からくる脂も多くおいしく感じる。

500g以上になると、少しずつ天然鰻の雰囲気が出てくる。

700g、800g、そして1kgを超える大きな天然鰻はおいしいを超えて、すごいに変わっていく。そしてさらに大きくなり、2kg、3kgとなると、表現できないほどのすごさに興奮する。一般的には大きな鰻は大味だといわれているが、本当に大きな天然鰻の味も含め、すごさがわかっているのだろうか。そもそも私は他人の価値観などどうでもいいことで、自分が感じたことしか信じることはない。

ちなみに大きな養殖の鰻は、脂が多過ぎて不快なものになり、食材としてあまり聞いたことがない。

天然大鰻の一番のすごさは、生命力、エネルギー、パワー、そして野生感だ。そもそも人に食べられる予定のなかった天然大鰻は、皮が硬かったり、骨が気になることもあるが、決して口の中で寄り添うこともなく、強いて言えば、反発をもする。これが自然を生き抜いてきた、野生の不思議なエネルギーだ。逆に最近の食べ物の多くは、柔らかく、食べやすく、味もおいしいのだが、迫力もないのはさまざまなところで食材に人が手を加えているからだ。

私はこんな野性味溢れる食材を求めていたのかもしれない。希少な1kg以上の天然鰻を築地から手に入れることができるようになり、私の挑戦意欲は最高潮となった。

〈なんとかこれを自分の料理に取り込まなければ……〉

　必死に考えた。

　天然の鰻は、謎の多いいまだに解明されていない生き物だ。鰻の稚魚は、日本から約2500㎞も離れた太平洋のマリアナ沖で生まれ、なぜか日本にやってくる。そして川を上りながら成長し、中には湖を目指すものもいる。1㎏以上の大鰻は湖で獲れることが多い。一番大きな滋賀県の琵琶湖をはじめ、島根県宍道湖《しんじこ》、鹿児島県池田湖、静岡県浜名湖、北は青森県十和田湖、小川原湖《おがわらこ》、秋田県八郎潟、茨城県霞ヶ浦など、大きな湖に生殖している。徳島県吉野川、高知県四万十川、関東は利根川など、大きな川や、熊本県の天草など淡水と海水の入り混じった河口付近にも存在する。こうして生殖地を並べると、たくさん獲れるかのように思えるが、鰻業界の1％にも満たない0・4％しか存在しない。また、鰻漁の期間も決まっており、5月ごろから9月ごろまでが大きく関西方面、9月から11月までが東北地方に移る。産地による味の違いは多少あるが、圧倒的に味を大きく左右するのは、鰻そのものの大きさの違いだ。500gと1㎏では、圧倒的に1㎏の鰻のほうがおいしく、1㎏と2㎏では、2㎏のほうが、数段すごい。また捌いてから熟成のさせ方によって味の違いは生まれる。

天然の鰻は捌きたてでは全く味はせず、大きさによって熟成期間を変える。1kgほどの鰻で捌いてから3〜4日、2kgクラスになると、1週間以上寝かせることもある。なので、養殖の鰻とは全く料理の理論が違う。そもそも鰻も含めて魚の多くは、生き締めしたばかりや、捌いたばかりは味が乗らない。死後硬直を迎え、魚の筋肉が硬くなり、そのあとで穏やかに筋肉が柔らかくほぐれてきたときに、脂が全体に回り、旨味に変わる。だから、焼く魚は特にこの寝かせる熟成期間で、味が決まる。

◈天然大鰻で勝負する◈

やっと手に入れた天然大鰻をどう料理するか。この生命力溢れるすごい食材とどう向き合うか。料理人としての経験値と技量が問われるところだ。そもそも日本料理店では、鰻専門店である定番の蒲焼き、白焼き、うざく、う巻きなどの料理はあえて出さないことが多い。そればかりか、鰻専門店があるがゆえに鰻よりも穴子を使うことのほうが、一般的かもしれない。しかし、この天然大鰻は鰻屋さんでも見かけることのない、私からすると極上品であり、食材自体の迫力がすごいので、あまり手を加えた創作料理では、本来のすごさを表現できない。ずばりシンプルに蒲焼きだと思った。

大きな鰻であることは身も厚く、シンプルな蒲焼きといえども、そう簡単には仕上がらない。

分厚い皮、皮と身の間にあるゼラチンと脂、身自体も3段階くらいに分かれる。つまり、一つの鰻の切り身は、5段階から6段階くらいの層になっている。もちろん炭火での火の入れ方も5段階、6段階に分けて焼いていかなければならない。

おまけに野生の鰻は、一匹一匹が個性的であり、常に焼かれるということに反発し、思い通りにはならない手ごわい食材である。

◇蒸すか蒸さないか◇

鰻の焼き方というと、一般的に関東と関西とでは違うということをご存じだと思う。関東は一度白焼きにして蒸してから焼き、関西は蒸さずにそのまま焼く。

なぜそのような違いが生まれたのか。

江戸時代、鰻が獲れる河口付近は、関西では砂と砂利質だったのに対して、関東では土と泥質だった。そのため関東の鰻は泥臭く、臭みを抜くために1日泥抜きをしていたという。その鰻を冷蔵庫もない時代に保存目的もあり、白焼きにしていた。

面白い逸話がある。

あるとき殿さまのところに鰻を運ぶ際、お櫃《ひつ》やたらいに炊いたご飯を入れ、上に焼いた鰻を乗せて蓋をしたうえ風呂敷に包んでいたところ、ご飯の熱と蒸気で鰻が蒸されたような状態になり、柔らかくおいしくなった。

それを食べた殿さまがえらく気に入り、鰻を蒸すようになったそうだ。

一般的にいわれているのは、せっかちな江戸っ子に鰻を早く提供するために、一度焼いてから蒸して柔らかくしたものを、注文が入ってから仕上げに焼き上げてお出ししたという話もある。それに対して、関西の鰻は泥臭くもないため、普通に焼かれていたという。

そもそも、焼いてから蒸すという調理法は鰻以外に聞いたことがない。

せっかく脂の乗っている鰤《ぶり》や秋刀魚《さんま》、魳《かます》などは脂が抜けてしまうので、決して蒸してから焼いたりしない。

甘鯛《あまだい》やキンキ、のどぐろなども、蒸してから焼くということは決してない。

あえて蒸してから焼くという調理法は、歴史的にもよっぽどのことだったのだろう。

そして時代は昭和に移り、日本は高度成長期を迎え、産業の大きな変革期にあたり、家庭用水、工業用水をもって、川を汚染した。それによって、天然の鰻がほぼ絶滅することになった。

それと同時に、新しい産業の一つとして、養殖鰻、養殖産業が発展していった。獲るものから作るものに変わっていった。

養殖鰻は、今でこそ餌も改良に改良を重ね、鰻にとっても、人にとっても、安全安心ないいものへと変化したが、当初は、利益第一主義のもと、狭い生《い》け簀《す》に入れ、安いペルー産のアンチョビをはじめ、安い飼料に病気にならないようにたくさんの抗生物質を入れていたという。よって泥臭い鰻から飼料臭い鰻へと変わっていった。

それに対して偶然にも蒸すという調理法が適していた。ここで100年のバトンリレーが始まった。

よって、関東蒸す、関西蒸さない、というスタイルが料理理論の中から生まれたものであったが、今となっては食文化の話にすり替わり、蒸して柔らかくうな重のご飯とも寄り添う関東風の鰻が好きか、パリっと皮も食感があり身は筋肉質で香ばしい関西風の鰻が好きか、好みが分かれるところだ。

一番は子どものころからの食体験が大きく左右するかもしれない。

私は静岡市に生まれ育ち、徳川家康公が駿府城を築き隠居したという場所柄、静岡市の食文化はほとんど東京江戸と変わらないものだった。寿司、天ぷら、蕎麦、鰻という食文化の中、もちろん鰻は蒸してから蒲焼きにするという江戸スタイルが主体であった。父親は大の鰻好きであり、誕生日のお祝いはうな重が一番のリクエストで、私も同じく大の鰻好きだった。鰻の香りだけでご飯一杯、タレをかけるだけでもう一杯、私の場合は鰻の蒲焼きを見ているだけでもう一杯食べられた。鰻の蒲焼きに手を付けるのが、もったいなくて、もったいなくて、どれだけの宝物であったか。当時を思い出しただけでも、よだれが出るほどだ。

23歳で徳島に料理の勉強で渡り、初めて蒸さない地焼きの鰻丼を食べた。今までに食べたことのない食感で衝撃的だったことを覚えている。冷静に考えると、どちらがおいしいかは、今でも甲乙付けがたい。

そして、この天然大鰻をどう料理するか……。

そもそも人に食べられる予定のなかった天然大鰻は、焼き手にも食べ手にも一切寄り添うことはない。蒸してから焼くことによって柔らかく食べやすくはなるが、脂も抜けて、筋肉もほぐれて、抜け殻になってしまう。そうなればこの天然大鰻が持つ一番大事な生命力、エネルギー、パワー、野生感がなくなるのだ。よって、皮が硬く、多少食べにくくはなるが、蒸さずに地焼きで仕立てる以外、この天然大鰻を表現する焼き方はないと思った。このすごい食材を完璧に料理することができるのだろうか。蒸さずして皮を柔らかく、分厚い身を表面はカリッと、中はふっくらと、脂やゼラチン質をほどよく抜きながら、皮目を焼き、残った脂とゼラチン質を旨味に変える。理想の焼き方はこうであるが、そんなにこの天然大鰻が自分の思い通りになるか。

20年間向き合ったがいまだに思い通りにならない。科学的、理論的にこの天然大鰻を攻め込むということは、単純にいろいろな部位を痛め付けるのと同じことであり、せっかくの自然な持ち味をもなくしてしまう。これでは料理としては失敗だ。そして、この料理の成功は口の中だけを喜ばすために食べやすくすることだけが目的だろうか。

答えは違う。この料理の成功は、舌の上はもちろん、喉元を通ってからの体で感じる生命力のすごさなのだ。ここからは持論であるが、弱肉強食の中、動物は自分より生命力の強い生き物を食べることは基本的にないと思う。だから、体の中に自分より生命力の強い生き物を食べたときの対応能力がインプットされていない気がする。

よって、天然大鰻のような人間よりも生命力の強い生き物が体に入ると、興奮する。

そして、体は正直に今これを吸収しろと指令を出す。

この生命力の強いものを食べることによって人は、パワーアップする。

この天然大鰻に近いものがあるとするならば、２００kgクラスの本鮪《ほんまぐろ》ではないかと思う。

このクラスの鮪は強いて言うなら、火を通さず生のままで恐ろしい生命力を発揮する。

極上の食べ物とはこういうものを言うのだろう。

最後に天然大鰻の究極は蒲焼きなのだろうか。

タレを付けて香ばしく焼き上げる蒲焼きは究極であることに間違いはない。

ただ、食材そのものの生命力を感じるのは、なにもしない、タレも塗らない、味も付けない、白焼きではないか。

素材そのものの本当のすごさを感じるのは、蒲焼きではなく、白焼きである。

究極の白焼きは、鰻の熟成具合はもちろん、鰻の部位も選ばなくてはいけない。

本来、魚は腹の部分に多く脂があるので、一番おいしい焼き魚は基本的には腹の部位を使う。しかし天然大鰻は、頭から腹にかけて脂があるのは間違いないが、焼くと身は硬くなり、扱いづらい。腹を超えたど真ん中の部分から身はより厚くなり、熟成された良質な脂が充満する。まさしくこのど真ん中のみが、極上の白焼きになる。

ちなみに尻尾の部位は腹の部分よりも食べやすく、脂も程よくあり、おいしくはなるが、尻尾に行けば行くほど、筋の硬い感じは避けられない。

この天然大鰻のど真ん中の白焼きは、他の食材には勝るものがないほどの、感動を生み出す。うまいではなく、すごいも超えるのである。

味付けは強いて言うなら、塩のみだ。その塩すらも選びに選びたいものだ。

もちろん、最高の白焼きは醤油すらも嫌う。当店では天日干しの極上塩と、すりたての山葵《わさび》のみを添える。

◇火の前に立つサディスティックな行為◇

さて、この極上の天然大鰻を誰がどう焼くか。これが一番大事なことである。

まず焼くという経験値が少ない料理人は素材のすごさに負けてしまう。

次に、焼くという経験値があっても、この特別な素材を熟知し、自分の思う理想的な仕上がりに仕立てなくてはいけない。

そもそも、炭火で魚や肉を焼くということは、サディスティックな行為だ。

人間以外の動物は、普通は火を見たら逃げるもの。火を前にして動じずにいられるのは、人間だけだ。料理人の中にももちろん、優しい人、大人しい人、遠慮っぽい人など、さまざまな性格の人がいる。しかし、炭火を前にして、魚や肉を焼くという行為は、そんな性格を嫌う。人が物を焼くという行為は、常に攻撃的であり、その炭と食材を自分の手の内に取り込み、攻め込む感情がなければ、焼くという完成品には至らないだろう。これは炭火で焼き鳥を焼いている職人さんや、または火の前の油に向かって天ぷらを揚げている職人さんや、火は使わないが長い柳包丁を使って生魚を切り、握り寿司にする鮨職人さんも同じサディスティックな行為に当たるのではないか。

プロの料理人の多くが男性で占めるのは、女性の多くが持つ優しさや温かさよりも、料理のプロフェッショナルに求められる男性的なサディスティックな部分が多いからではないのか。特に天然大鰻と向き合うには、自分の持っているサディスティックな部分を増強していかなければ、立ち向かえないのである。そもそも焼き手の持っている経験値と、天然大鰻という特別な食材への理解力、そして最後にその焼き手が持っている最大限に増強したサディスティックな支配力によって、究極の天然大鰻の炭火焼きは完成される。

私自身は事実上、天然大鰻を営業時間に焼くことはない。

毎日毎日、天然大鰻という常に変化する食材と向き合い、毎日毎日、常に進化する若い焼き手とも向き合う。

第3話

炭

魔法のように素材をおいしくする最高の調味料

◇炭から放射される遠赤外線のメリット◇

私の店では、焼き物はすべて炭火で焼いている。炭で焼くと、余分な油を使わずに、素材自身の脂から生まれる香りで燻され、シンプルながら最高の味わいを引き出すことができるからだ。

昔から焼き物をするには「炭火の強火の遠火が良い」と言われているが、まさにその通りだと実感している。

そもそも、焼き物を焼くには、熱源に直接素材をかざして加熱する直火焼きと、熱源によって加熱されたフライパンや鉄板などの上に素材を乗せて加熱する間接焼きとがある。

間接焼きは、熱くなったフライパンや鉄板などとの接触面から熱が伝わって焼けていくのだが、直火焼きは、物体の表面から放射される電磁波によって空間を伝わる輻射熱《ふくしゃねつ》で焼けるのだ。

つまり、素材は熱源に接していなくても加熱される。太陽が地球を温めるのも、この輻射熱によるものに他ならない。

炭火焼きは、炭を熱源とした直火焼きだ。そして、炭から放射される電磁波は遠赤外線である。

遠赤外線の効果で、表面はパリッと、中は膨らむように焼き上がる。だから魚も肉も、表面にきれいに焼き色が付くし、真ん中辺りを切ってみるとふっくらと盛り上がっている。

電気、ガス、フライパン、オーブンなどで焼くと水分が抜けてぺちゃんこに硬くなるのとは全く違う、炭ならではのおいしさだ。

そしてなにより、炭火焼きの特徴は、その香りにある。

焼いているうちに素材の脂が炭に落ち、ジュッと燻された香りが素材を包み込む。その香りが唯一無二の調味料となって素材をより魅力的にするのだ。

だから、日本料理は素材に塩を振って炭火で焼くだけで、香りという最強の味付けが加わり、シンプルながら完璧な一品が仕上がるのである。

例えば、高級銘柄鶏の地鶏をガスで焼くより、普通のブロイラーの鶏を炭火で焼いたほうがおいしく感じることが多い。

ただ、シンプルであるがゆえに難しい。料理人の手による炭火焼きが、誰もが楽しむ炭火のバーベキューと同じように終わってしまっては料理ではない。

うちわなどであおいで空気を送ることで火力を調節するのだが、素材の状態に合わせて火力を調節しながら自分の焼きたいイメージを表現していくには、熟練の技術が必要とされる。

また、一定の温度を保つことも難しい。経験によって、焼き方を会得していくしかないのだ。

単に素材を加熱するだけでなく、香りという調味料をまとわせて仕上げていく。

なかなかアナログで、時代の変化にも惑わされない料理法。だからこそ炭火焼きは、魅力的で存在感がある世界に誇れるものだと私は感じている。

◈炭の最高峰　紀州備長炭◈

炭火焼きに使う炭もまた、国産の炭こそが世界に誇れるレベルにある。そして、国産の炭の中で最高峰の品質であるのが、「紀州備長炭」である。

和歌山県は炭の一大産地であり、ウバメガシを原料に作られている良質な紀州備長炭で有名だ。

いい炭の条件は、細くて長くて硬く、ギュッと締まっていること。紀州備長炭には、まさにこの条件を備えているウバメ小丸がある。

太い炭がダメな理由は、隙間があって空気が入っているため、火を入れると割れやすいから。また、隙間があると早く火が枯れてしまうのだ。

しかし細くて長くて締まっている炭なら、炭火焼きで必要な高温を長く維持できる。

紀州備長炭のウバメ小丸は、品質が一歩抜きん出ているが値段も同様。他の炭の1・5倍ぐらいの値付けがされている。

この紀州備長炭が、10年ほど前からなかなか手に入らなくなっている。

和歌山県を襲った豪雨がウバメガシの森林に打撃を与えたときに、炭の生産者に対して行政や自治体からのサポートが十分ではなかったと聞いた。

和歌山の炭の生産者は、紀州南高梅の梅農家との兼業が多く、炭の生産を立て直すのが難しいと諦めて梅に専念するケースが続出したのだ。おそらく、後継者不足もそれを後押ししたのだろう。

それ以来、紀州備長炭の供給は極端に減ってしまった。

以前は、紀州備長炭の中でも「この生産者さんの炭しか買わない」というほどこだわっていた私だが、そうもいかなくなってしまった。

生産者を選り好みするどころか、紀州備長炭を手に入れること自体が難しくなったのである。値段もさらに跳ね上がった。

買おうにも買えない状態でも、私の店ではすべて炭火で焼き物を焼いているから、炭がないという状態は絶対に避けなければならない。

紀州備長炭の次に選ぶのは、第2ブランドの「土佐備長炭」となる。

紀州の備長炭よりは少し粗い炭になるが、紀州備長炭はなかなか手に入らないから次善の策だ。しかし、紀州備長炭を使っていた店はみんな土佐備長炭を求めるようになったのだろう、これも手に入りにくい。

以前は「また買っていただけませんか?」と電話をくれていたのに、需要が増えてきたら、こちらが「炭をいただけますか」とお願いするようになり、それでもなんとか備長炭を切らさないようにしている。

◇◇炭火ブーム到来◇◇

炭の供給が減ってきたころ、なぜか炭ブームが到来した。需要と供給のバランスが、ますます崩れてしまった。

炭ブームの原因の一つは、日本料理以外でも炭を使うことが増えたことにある。

フレンチ、イタリアンなど、今まで炭火とは全く無関係だった料理が、次々と炭火を使うようになった。

西洋料理でおいしさを演出するものといえば「フライパンにソース」が定番であったが、

世界的な健康志向により、今までの重厚なソースを主体とする料理法から、素材重視でシンプルで軽い仕立ての料理に移っていった。

そして、いつしか炭火で焼いたときの香りが得難い調味料になることを知ったのだろう。

やはり、どこの料理も進化のために新しいものを探している。日本人以外にも炭火の素晴らしさが認められることは、当然といえば当然である。

また、料亭が減って個人の小さな日本料理屋が増えたことも、炭の需要が増した原因である。

以前は、日本料理屋といえば料亭のイメージがあった。

一昔前の料亭では、50人や100人規模の宴会がよく開かれていたが、それだけの人数の料理を出す場合には、すべて炭火で焼くことが不可能だった。熟練の技で丁寧に焼かなくてはならないし、そもそも炭代が高くついて大変なことになる。

そのため、宴会料理の焼き物は電気やガスで焼かれることが多かった。

しかし時代は変わって、料亭文化はかなり影を潜めている。日本料理の料理人たちは、独立するとカウンター主体の小さな店を構える者が多くなった。

小さな店なら、大人数に一度に料理を提供することもない。だから焼き物には炭を使いたいと、炭火の焼き台を置くようになった。私自身も、そういう料理人のはしりだったと思っている。

❖一瞬で周りを虜にする炭火焼きの香り❖

そうした炭ブームのおかげなのか、「炭火焼き」とアピールする店が日本料理屋以外でも増えている。焼き肉店には、特に多い。

しかし、炭の供給が十分ではなく、かなりの高値になっており、日本料理屋ですら炭を手に入れるのに苦労をしている現状を考えれば、「炭火焼き」とうたっている店の多くで本物の炭が使われていないことは想像に難くない。

真ん中が空洞になっている〝炭もどき〟が使われているのだ。加工を施した人工的な炭である。

人工の炭では、国産の炭のような香りは付かないのだ。あの香りこそが最高の調味料なのに！

あるとき、店の若いスタッフたちと炭火焼き肉屋に行くことになった。当然のように、その店の炭も人工的なものだ。

そこでよく行く店であったため、「炭を持ち込ませていただいてもいいですか？」と交渉してみた。普段、本物の炭火焼きに触れている我々からすれば、どうしてもあの香りを肉にまとわせたいから。

ちょっと不思議そうな顔はされたが、その店にとっての不利益はなにもない。「いいですよ」と快諾してもらい、私たちは自分の店から持ってきた炭を使って肉を焼き始めた。

焼けていく肉の脂が溶け、下に滴る。滴り落ちた脂を受け止めた炭が、ジュッと音を立てて脂を立ち上る煙に変え、そして肉を包み込む。

私たちのテーブルは、それまで店内にはなかった得も言われぬおいしそうな香りを漂わせていた。

流れてきた香ばしさに気付いた周りのテーブルのお客さんたちも、「いったいなんの香りだ？」とこちらを注目するほどだった。

一瞬で周りを虜にする香り。それが、本物の炭の力なのである。

だから、手に入りにくく高値になったからといって、炭を諦めることは決してない。

私の店では、カウンターと調理場に焼き台が1つずつあり、一日にそれぞれ炭を1箱ずつ使う。今は炭1箱で1万5千円程度なので、一日2箱で炭代は3万円かかる。月に25日営業するとして、1カ月75万円。送料を入れれば80万円。

1年12カ月では、960万円。つまり、炭代だけで年にほぼ1千万円かかるわけだ。それを20年間やり続けてきた。

以前は今ほど高値ではなかったが、それでもトータルで1億5千万円ぐらいは煙になって消える炭にお金をつぎ込んできたことになる。

計算上では、港区のマンションが1つ買えることになる。

だから、炭火の焼き物はおいしくなってもらわなくては、困るのだ。

日本料理の焼き物の伝統を支える炭には、それだけの価値はある。

スチームコンベクションオーブンをはじめ、調理器具の世界はこの20年、目まぐるしい進歩を遂げてきた。これからも料理人の人手不足を補うためにも、調理器具のデジタル化は加速するだろう。しかし、このシンプルに焼くという技法に関しては、炭以上のものが、今後永遠に見つからないと思っている。その炭が日本からなくなろうとしている。料理に関わる者、炭の生産に関わる者、地域や国も含めたすべての人たちが、炭の持続可能性についいて考えていかないと、日本料理から、またおいしいものが消えてなくなることになる。

第4話

水と出汁

神に愛された日本の奇跡

◈世界でも稀な豊富で上質な水◈

水は、生活・文化・風習と関連が深い。

昔から「水が合う、合わない」という表現があるが、このときの「水」は、飲み水のことを指しているのではなく、その土地の生活・文化・風習のことだ。それだけ水は、私たちの暮らしに深く影響している。

また、「人は水がなければ生きていけない」とも言う。これは文字通りの意味で、誰もが何度も耳にしたことがあり、知っていて当然のことである。しかし、それを実感してありがたいと思いながら生きている日本人は少ないだろう。

水の大切さはわかっていたとしても、日本人である私たちが、いかに水に恵まれているのかということを、本当の意味で理解していない。

長寿である日本人の生命も、日本の生活・文化・風習も、豊かな水によって育まれてきたのだ。


日本は奇跡のような「水の国」である。それを可能にしたのは森林だ。

科学の時代が訪れる前には、電気もなく、灯りや燃料を必要とするときに、多くの国では木を伐採して燃やしてきた。そして、伐採し尽くして荒廃した土地を捨て、新しい土地を目指して行った。

しかし極東の島国である日本では、そんなわけにはいかなかった。目指すべき新しい土地はない。だから、伐採したら新たに木を植え、森林を作ってきたのだ。

この森林が、上質で豊富な日本の水を生み出している。日本人は、世界一の水を飲み、使って暮らしているのだ。そのことをもっと自覚して、誇りに思ってほしい。

日本という国は、神に愛されて自然に恵まれ、それを守るために真面目に木を植えてきた。国土の中で森林の割合が高いことは、先人の大いなる知恵だと強く思う。

世界的には、水資源が乏しい国が多い。しかし、日本ではマナー程度に節水を心がける人たちはいるだろうが、一滴の水を惜しみ、命をつなぐために必死で水を求める必要はない。

そもそも、水道水をそのまま安全に飲める国というのが、日本を含めて全世界にたったの9カ国。飲めるが注意が必要という国を合わせても、30カ国にとどまる。だから、たとえ水量はあったとしても、体に取り込める質であるとも限らないのだ。

人は水がなければ生きていけないのなら、その水を安全に体に取り込めるということが、日本人にとっては素晴らしい恵みである。

そして直接飲むだけでなく、私たちが口にする食材を育むための水も、間接的には体に取り込まれているということを考えると、ますます日本は神に愛された水の国であるということを実感するのだ。

日本の水は柔らかく、野菜や果物をみずみずしく育ててくれる。植物だけではない。動物を育てるにも、水は大きな役割を担っている。

いい豚を育てるには、いい水を与えるのが一番だと聞いた。

私の店で提供している最高級の卵を生産している養鶏場では、鶏に与える餌よりも良い水を与えることが重要だという。

素材の良さを引き立て、おいしくしてくれる水。日本人はそれを当たり前のように享受しているが、それがどれだけ特別なことで、どれだけ食生活を豊かにしてくれているのか。水は生活・文化・風習全体に影響を与えるが、その中でも料理が占める割合は決して少なくないだろう。料理は生活・文化・風習すべてに関わるものだから。

日本料理に向き合っていると、私には感謝の思いが溢れてくるのだ。日本では水が素材の質を引き上げ、出汁となって体に染み込んでいく。

調理法を工夫することで、なんとか素材をおいしくしようとする他の国の料理とは全く方向性が違うのだ。それは、奇跡の水のなせる技なのだろう。

その土地の水で料理は変わる

例えば私が店を出したフランスでは、水はかなり硬水であるが、もちろん料理にもこの水を使う。ただ、水を30分ほどボールに溜めておくと、周りがカルキで真っ白になってしまう。日本人には驚きの光景だ。

水蒸気で調理するスチームコンベクションオーブンも、カルキ抜きの塩素中和剤を入れないと蒸気が循環しない。

硬水はミネラル豊富な石灰層でろ過されているので、どうしても石灰（カルキ）を多く含むのである。料理とは関係ないが、トイレに日本から持ってきたウォシュレットを設置したら、1年ちょっとで白いカルキが穴をふさいで詰まってしまった。

フランスの水で育つ野菜や果物も、日本の野菜果物とは全く違う。皮も実も硬く、十分に火を通さないと食べにくいのだ。だから、フランス料理ではよく野菜をクタクタに茹でるという。

水質の硬さが、それを吸って育つ野菜果物の硬さにつながっているように感じる。ただ一方で、味は濃い。しっかりと主張のある味がする。

だから、フランスの水が悪いというわけではない。そういう性質の水であり、それがフランス料理にも影響しているということなのだ。

例えば果物はそのまま食べるよりも、ジャムやコンポートにしたり、タルトにして焼いたりする。

悪条件があるからこそ、素材をどうすればおいしくなるのか工夫を重ねて料理法は発展していくのだ。

そうやって発展していった料理法は、どんな国でも通用する。だからこそフランス料理は、覇権を誇ったフランスの歴史にも後押しされながら、世界三大料理の一角を占めているに違いない。


一方で日本料理はどうか。

日本の野菜果物は上質な軟水で育つので柔らかく、みずみずしいうえに甘さを感じる。多くの果物はそのまま口にするだけでおいしさが広がるし、野菜も生で食べられるものが少なくない。

つまりいい素材に恵まれ過ぎているわけで、料理法の工夫の余地はそれほどないのである。素材を生かしてシンプルに調理すれば十分においしいし、切るだけでそのまま食べておいしいということもある。

もしフランスの野菜のようにクタクタに茹でてしまうと、繊維が破壊されて煮崩れてしまう。かえって手を加え過ぎないほうがいいということだ。

◇水にこだわる◇

料理人として、私はこれまでずっと水にこだわってきた。

若いころに働いていた徳島の名店・青柳では、名水として名高い眉山《びざん》の湧水の錦竜水を汲んで使用していた。20代のうちに、料理では水にこだわるべきだという姿勢を学んだのである。

そして、地元の静岡に戻っていざ店を出そうと考えたときに、せっかくなら地元の水を使いたいと思った。なにより、地元の水は全国の河川の水質日本一に何度も認定されている安倍川の水だ。

私は、安倍川のほとりの小学校に通っていた。

安倍川は神の川だ。水害を収めるためか、安倍川流域には水の神を祀る白髭神社が41社も建立されている。徳川家康との関わりも深く、昔から地域の住民にとって大切な川だった。

水について調べるため、水道局に問い合わせをしたことがあるのだが、「静岡市民の皆さんは、ミネラルウォーターを買わないでくださいね。水道からミネラルウォーターが出ますから」と言われたほど。それだけ、安倍川を水源とした水道水は、質がいいのである。

だから私は、基本的には素晴らしい水質の静岡の井戸水を一度煮沸してから使っている。安倍川の近くに住んでいた料理人が安倍川を語り、安倍川の水で料理をするのは大事なことに違いない。地元への愛も、料理のエッセンスの一つである。

ただ、どんなにいい水でも、すべて同じ水を使えばいいとも思わない。一番出汁をとる水には、もっとこだわりたい。水の個性によって、出汁の味は変わってくるものだからだ。

水にも明確に味がある。それが大切だということを思い知らされるきっかけがあったのだ。


それは15年ほど前に、私の店で『日本酒の会』を催したときのことだった。

店で扱っている日本酒の蔵元さんがお酒の仕込み水を持参してくださったので、仕込み水の銘柄をブラインドで当ててみたのである。すると、5種類の水を全部、どの酒の仕込み水なのか当てることができた。

もちろん、それぞれの日本酒の味をよく知っている。だからこそ当てることができたのだが、ということは、酒の味には水の味が反映されているに違いない。

酒を語るときには、米や麹についての話が出ることがほとんどであり、水についての話はあまり聞くことがない。実は日本酒にとってどれだけ水が大切かということが、十分に知られていないのは残念なことだ。

もし、ある銘柄の日本酒を別の土地で製造したいと思ったら、米も麹もその銘柄と同じものを運ぶことができるが、水だけは運べない。運べたとしても、量は限られてしまう。だから、別の土地で造る酒は、別物になるのだ。それだけ、水で酒の味は変わる。

水が大切なのは日本酒に限らない。私は私の一番出汁にふさわしい水を求めて、たくさんの水を試してきた。そしてようやく出会ったのが、鹿児島の天然アルカリ温泉水ＴＥＲＡＱＵＡだった。

❖出汁と水❖

日本料理は出汁の料理である。

例えばほうれん草のおひたしは、塩茹でしたほうれん草を氷水に取って冷まし、しっかりと水を絞ると渇いたスポンジ状になるので、そこにおいしい出汁を染み込ませているのだ。つまり、出汁が味の重要な役割を占める。

出汁は、いわば旨みのある水。つまり、日本料理は水の料理であるとも言える。だから水のことを一番に考えなくてはならない。

自らいろいろな水を試したし、「使ってほしい」と言われた水も試してみたが、結局はどの水もおいしい。そしてパンフレットにはさまざまなうたい文句が書かれていて、読めば「これは素晴らしい水ではないか」という気持ちになってくる。

しかし、私は情報を鵜呑みにできない人間だ。

〈確かに品質がいい水なのだろう。評判も良く、多くの人に選ばれている水だ。でも、その情報は本当なのだろうか？　私は自分が良いと思うものしか信じない。私の出汁の水を選ぶのは、私の感覚でしかない〉

私には、柔らかく上質でおいしい軟水でも、出汁にすると「水が負ける」と感じることが多かった。軟水で出汁をとると昆布と鰹節の味は出やすいが、水そのものが昆布と鰹節に征服されて水そのものの存在が薄れてしまうのだ。ただ軟水であればいいわけではない。

水は、出汁をとるときに昆布や鰹節を受け止めるだけの凛とした骨格がなければならない。

出汁は、昆布と鰹節を飲むのではなく、あくまでもおいしい水に昆布の旨味と鰹節の香りを乗せていくのだ。

そんなときに出会った水が鹿児島の天然アルカリ温泉水TERAQUAだった。

日本のミネラルウォーターの多くは、山や森林で採水されるケースが多く、ミネラルの成分も、森や林や木や土などの山のミネラルを多く含んでいる。それに対し、TERAQUAは海の近くで採水されるミネラルウォーターのため、海に近い昆布やわかめなどの海のミネラルの成分を多く含む。

どちらが昆布や鰹節に合うかといえば、海のほうじゃないか。

超軟水でありながら、水自体の存在感がしっかりとあるので、昆布や鰹節に負けない骨格がある。

なにより昆布との相性が抜群で、水が昆布を欲しがっていることがわかるのだ。

このTERAQUAで、一番出汁をとる。

水1ℓに対して20ｇの昆布を入れ、1時間半ほど常温に置く。すると、ゆっくり水と昆布が馴染んでいく。

それから火にかけるが、一気に温度を高くしないように気を付けながら30分という時間をかけて70℃にする。温度を高くすれば出汁はよく出るのだが、えぐみ、渋み、苦みなども同時に出てきてしまう。

また、大学教授の研究により、科学的には温度を60℃にするのが正しいとされているようだが、それでは私の欲しい出汁にはならない。たとえ正しいとされていることでも、自分の感覚が納得しなければ意味はない。

私の出汁は70℃まで温度を上げ、そこから1時間〜1時間半70℃を保ち続けて、水と昆布の関係を見てちょうどいいと判断したところで昆布を引き上げる。

この昆布出汁をベースに、お客さまにお椀を出すタイミングで鰹節を厚く削り、85℃から90℃になったところで火を止めて鰹節を入れる。

一般的には80℃といわれるが、私は80℃ではしっかり出汁が出ないと感じる。鰹節も薄く削る店が多いが、私は厚く削る。なぜなら、薄いと鰹節はゆっくりと沈んでいき、その間にイヤなえぐみや雑味も出てしまう。厚く削れば重みが出て早く沈み、いい旨みが出た瞬間に引き上げればいいのだ。

実際、灰汁《あく》をすくって1分足らずで鰹節を引き上げる。これで一番出汁が出来上がる。

しかしこの一番出汁は、私の店ではお椀にしか使わない。お椀以外はすべて二番出汁を使い、一番出汁と二番出汁を使う割合は、1対99だ。ほとんどは二番出汁を使っているのである。

そもそも一番出汁、二番出汁という言い方には、一番出汁のほうが高級、あるいはおいしいといったイメージがあるが、全くそんなことはない。用途が違うのだ。

一番出汁は、香りと喉ごしと余韻を楽しむもので、お椀だけのために作られる。

しかし二番出汁は、水に昆布と鰹節をたっぷり入れて高温で煮出し、旨みをすべて出し切るので、クリアでありながら味の濃いしっかりとした出汁になる。

二番出汁は、野菜のおひたしや煮物、天つゆ、味噌汁、炊き込みご飯など、お椀以外のあらゆる料理のベースとして重要なのだ。

私は、二番出汁には安倍川の水を使う。安倍川の近くで育った私らしい料理のベースには、安倍川の水がふさわしい。

❖料理の進化のために水を探し続ける❖

今使っている安倍川の水もTERAQUAの水も素晴らしい。私の料理との相性を考えたときに、ベストの選択をしていると思っている。ただ、それは「今のところは」と付け加えておきたい。

これが一番だと決めてしまうと、料理はそこで終わりだ。もうなにも成長しない。私はそれを良しとはしない。

ずっと同じものを守り続けることは、伝統や文化といえば耳ざわりがいいが、本当に守るべき価値があるかどうかを考える必要がある。私たちが生きるということは、同じ場所で足踏みすることではないのだから、進まなくてはならないし行動しなくてはならない。

変化は常にある。だから、これからも最高の料理のために水を探し続ける。

「これだ！」と決め手になるのは、舌で味わったときの私自身の体の感覚だ。どこで採水されたどんな成分の水かということよりも、自分の感覚をひたすら追求した末に見つける。

素晴らしい水に恵まれているこの日本で、水の大いなる力を借りて、私の料理は進化していく。

第5話

煮物

心と体も温まる

◈油を使わない唯一の料理◈

日本料理は油を使わない料理が多い。天ぷらや唐揚げなどの例外もあるが、ほぼほぼ油を使わずに素材の味を表現できる、世界でも稀有な料理である。

油は素材を簡単においしくしてくれる。だから、他の国の料理のほとんどは油を上手に使う。フライパンに油を引き、魚や肉、野菜などを焼いたり、炒めたりするのが、基本的な料理だ。

それに対して、日本料理はそもそもフライパンを使う料理が少ない。

焼くという料理は、昔は炭や薪、今では電気とガス、オーブンなどが主流だ。

よって、油を入れてからスタートする料理がほとんどない。

また、煮るという料理も油を使わない。野菜は昆布と鰹節でとった出汁を使い、魚や肉などは、水と酒を土台に煮たり煮込んだりするものが多い。

もちろん、塩や砂糖、醤油やみりんなどの調味料は入るが、油を足すことはない。

日本料理が世界の料理と大きく違うのは、油を使わないということだろう。

だから、世界では体にとって健康的で毎日食べても食べ飽きることのない、ヘルシー料理だといわれている。

では、日本料理をおいしくしてくれるのは、油ではなく、なんなのか。

それは、素材そのものと出汁である。素晴らしい素材と出汁が出会うことで、繊細なおいしさの日本料理が完成する。それを最も表している料理が、煮物なのだ。

そして、煮物料理は魚や肉よりも、圧倒的に野菜を使うことが多く、日本料理の煮物とは、野菜の煮物を指すと言っても、過言ではないだろう。

日本には四季折々にたくさんの野菜が採れ、季節を表す食材として、重要な役割を果たしている。

春は筍《たけのこ》をはじめ、蕨《わらび》や蕗《ふき》などの山菜、夏は茄子《なす》やきゅうり、冬瓜《とうがん》、南瓜《かぼちゃ》などの瓜系統、秋は松茸やしめじをはじめとした山で採れるたくさんのきのこ類、冬は大根や蕪《かぶ》、牛蒡《ごぼう》や人《にん》参《じん》などの土の中で育つ根菜類といったように、日本のきれいな水を吸い、同じ太陽と風を浴びた、この土地独自の良質で種類豊富な野菜が育つ。

この野菜を上質な出汁をもって調理する。

◈繊細でしみじみとおいしい日本料理の煮物◈

季節の野菜はおひたし、和え物、煮物などで調理することが多い。

煮物は特に、魚をおろしたり、焼いたりするのと同じように、日本料理において大事な役割を担う。

その食材によって大きさや硬さ、鮮度や水分量、灰汁があるないなど、それぞれ特徴がある。よって、その食材の特徴に合わせて、包丁での切り方、下茹で、灰汁抜きなど、変えていかなければならない。

この下準備が少しでもズレてしまうと、仕上がったときの味や食感に大きく影響が出る。

そして、神経を集中させて出汁で炊く、筍は筍、冬瓜は冬瓜、大根は大根、蕪は蕪、その野菜に自分自身がなったような気持ちで、丁寧に出汁を含ませ、少量の味付けで整える。

その素材の持ち味を消してしまってはいけない、繊細な仕事だ。

同じ火を使う料理でも、魚や肉を焼くような強くて激しい感情はいらないだろう。

逆に、野菜を炊くという仕事は、出汁で野菜を温かく包み込むような優しい気持ちで、作るというよりも、育てるような感覚だ。

出来上がった野菜の煮物は、見た目は素朴でシンプルだが、口に入れると、出汁が染み渡り、繊細でしみじみとしたおいしさになっているだろう。

また、こういう料理は他の料理にも代えがたい価値のある料理だと言える。

◈煮方仕事は料理屋の要◈

日本料理店の仕事は、ポジションで分かれている。

入店して1年目の新入生がまかなう仕事が、追い回しである。

先輩たちが仕事を円滑に回すために、いろいろなポジションの助手を務める。

次の仕事が料理を盛り付ける盛り付け場だ。

このポジションは、付き出しや先付、お通しと言われる前菜料理から、焼き物や蒸し物、煮物に至るまで、とにかく料理を盛り続ける。

その次の仕事になると、焼き場、揚げ場という、火を通す仕事に入る。

このポジションになると、焼いている人、揚げている人の技量に味が大きく左右されるので、ある程度の料理の経験値が必要とされる。

ここまでで、店によって多少の違いはあるが、最低でも3〜4年の時間がかかる。

そしてその次が、造り場というポジションに上がる。

造り場というポジションは、刺身を切ることが仕事だが、ただ切るだけではない。日本料理店で刺身を切って提供するということは、店が扱う魚の質や包丁で切る技術を見せる最も重要な役割になる。

また、高級店では仕入れの中でも、刺身で使う魚が一番高価なものに値する。

この魚の状態を管理し、刺身というシンプルな料理で表現するには、切る料理人の技量は自ずと問われる。

そして最後に煮方というポジションになる。

煮方というポジションは、店の食材のすべてに火を入れ、味を含ませ、味を付ける。

よって、煮方担当者の火の入れ方と味の付け方が店の味になる。

店の味になるということは、その店の料理のすべてを担うと言ってもいいほど、大きな責任を背負うことになる。

ちなみに私の店では仕事中、舌を汚さない。飲み物も水とお茶だけで、コーヒーや甘みのある炭酸飲料は禁止している。

小豆やチョコレートなどの甘いもの、まかないのカレーや餃子などの刺激の強いものもすべて、禁止している。

仕事が終われば構わないが、煮方担当者は日常の健康管理はもちろん、常に舌の状態がクリアなものでなければいけないと、言い聞かせている。

まず、味を確認する舌が常に正常でなければ、話にならない。

お客さまからお金をいただくプロの料理人である以上、当たり前である。

そして造り場と煮方は、将棋で言うと飛車と角によく似ている。

どちらが飛車でどちらが角かは、いまだにわからないが、飛車と角が機能しなければ、将棋は勝てない。

よって、造り場と煮方が私の思う料理を表現できなければ、私の店は終わる。

煮方の仕事は、決して難しいものではないと思っている。

例えば、ほうれん草を塩茹でして、氷水で冷ます。

水気をぎゅっと絞って、おひたしの出汁につける。

これでほうれん草のおひたしは出来上がるのだが、塩茹でのための塩の量は、本当に的確だったのか、ほうれん草の塩茹での温度と時間は本当にベストなものだったのか、氷水で冷やして、本当に粗熱は取れたのだろうか、ほうれん草の水切りはきちんと絞れていたのか、おひたしの出汁の味付けは間違いのないものだったのだろうか。

人は、毎日同じことを繰り返していくと、必ず気の緩みが出てくる。

塩の量も湯がき方も、冷やし方も、水の切り方も、味のバランスも、出汁の味付けも、少しずつズレていくと、ズレた分だけ味に影響が出る。

この少しずつズレた料理の味が、料理屋にとっては命取りになる。

料理のすべては、嘘をつき、ごまかして妥協した分だけ、ダメになっていく。

私が煮方担当者に求めることは、真面目に正直でおいしい料理を作るという、この当たり前で単純なことに、毎日向き合う姿勢だ。

芋《いも》を剥き、水にさらし、米のとぎ汁で下茹でをする。下茹でした芋を丁寧に水でさらし、鍋に移し、出汁を入れ、塩と薄口醬油で優しく味を付ける。

こんな毎日の作業にどれだけ、真剣に向き合えるか？

また、水と昆布、鰹節で作り上げる出汁に、毎日どれだけの集中力、情熱や愛情を注ぎ込めるか？

料理のすべては、当日ご来店してくださるお客さまのためにという感謝の気持ちと、また、料理自体の少しの変化に気付き、次への向上につなげる真摯な姿勢など、店の味を担うということは、私も含め、自分自身と向き合う大変な仕事である。

私自身は、強いて言うのであれば、一番好きなポジションは煮方仕事である。

野菜を茹でたり、炊いたりするのが、一番好きである。

手先は不器用で、あまり想像力のない私はそもそも料理という仕事には向いていない。

ただ、料理の中での煮方仕事だけは、真面目に、実直に、丁寧に向き合うと、思い通りになっていく。

たかが蕪、たかが大根、たかが南瓜、高級食材が多い中では、あまり目立たないものではあるが、優しく丁寧に扱うと、私の思い通りに仕上がってくれる。

決して派手さはないが、私自身の思いのこもった尊い料理に変わる。

やっぱり料理は真面目に、丁寧に、真摯に向き合うこと以外に、おいしくなる術はないと思う。

若い料理人にも、煮方という仕事を通じて、こんなことを感じていただければと、切に願う。

第6話

刺身

世界で唯一の料理　刺身

◈生魚一切れで表現する料理◈

日本料理では関東で刺身、関西で造りと、呼び方が分かれる。

もともと刺身は「切り身」と呼ばれていて、「切る」は忌み言葉で縁起が悪いため、「刺す」を使うようになったといわれている。切り身は刺身に名を変えて、関東から全国へ広まっていった。

関西では、魚を切ることを、「造る」と呼んでいた。「切る」と同じく、「刺す」も忌み嫌われていたため、造ると呼んだという説もある。結果的に、同じものを意味するのだと思う。

では、刺身はいつごろから食べられていたのだろうか。

スマホで検索すると、刺身の原型は鎌倉時代に始まり、もともとは魚を薄く切って、生のまま食べる漁師の即席料理だった。室町時代に入り、醤油の誕生とともに、広まっていった。しかし当時はまだ醤油はとても高価なものだったため、庶民に広まっていったのは、江戸時代末期からで、江戸では刺身屋という屋台が出るほど、流行したそうだ。

そもそも日本は江戸時代まで、肉食禁止という法律があったほど、世界的には特殊な食文化にあり、私たちが想像するよりも前から魚を生食で食べていたと言えるだろう。

私が思うに、一番の大きな転機は、冷蔵庫の普及だと思う。冷蔵庫ができてからは、生の魚が冷蔵保存されることによって、安定して刺身という魚の生食文化が定番となり、根付いていったのだろう。

それに対して海外の食文化は肉食狩猟文化の中、当然ではあるが、魚より肉である。そのため、西洋料理は一般的にメインディッシュと呼ばれる最高位の料理は、魚ではなく、肉料理である。またコース料理の流れとして、最高位の肉料理を食べる前にお口直しのシャーベットが出てくることも多い。

それだけ肉料理への思いは強く、魚料理は前菜の一品に過ぎなかったのかもしれない。

現代では世界中の健康志向も強くなり、肉より魚、魚より野菜という傾向に進んではいるが、そもそもは肉料理が一番である。

それに対して、日本では生食の魚だけで成立する、鮨屋という世界でも類のない料理スタイルが江戸時代から確立されている。

また私のやっている日本料理でも、刺身という料理は前菜やお椀、焼き物、揚げ物、蒸し物、煮物などいろいろある中で、一番と言っていいほど、位の高い料理である。

刺身の魚の質、クオリティがその店の格を表すと言ってもいいだろう。

では、新鮮な魚を生で食せば、刺身であることは間違いないが、焼いたり、煮たり、巻いたり、包んだり、和えたり、浸したりという、手を加え時間をかけて作った料理よりも、刺身というシンプルな料理の位が高いのはなぜだろう。

また、今となっては世界的に高級高額なものと認知されている本格江戸前寿司が、人を引き付ける多くの魅力を持っているのはなぜだろうか。

世界中にある手間暇かけて作り込まれた料理よりも、一切れの刺身、一貫の握り寿司に感動を覚えることがあるのは、なぜだろうか。

世界的には、謎なんだろう。

◇世界に類のない位の高い料理　刺身◇

刺身という料理は、そもそも魚が生きて泳いでいるところから、始まっているのではないだろうか。どこどこの鯛がうまい、どこどこで獲れた鮃《ひらめ》がうまいなど、おいしい刺身の理由が産地で特徴付けられることがよくある。

魚は一般的に食べている餌によって、味の特徴が変わる。

例えば、明石の鯛のように小さな海老を食べていると、身も海老のように甘くなり、三重の鯛は帆立を餌にしていると聞く。そうすると明石の鯛とは、同じ甘みでも違ってくる。また、流れの速く運動量の多い海で泳いでいる魚は筋肉質で、身にハリもある。温かい海を泳いでいる魚より、冷たい海を泳いでいる魚のほうが身に締まりが出てくる。同じところで生殖する魚でも、1kgと2kgとでは同じ餌、同じ流れ、同じ温度でも、身の質が違う。よって、魚そのものがどんな環境で生きているかが重要視されることに、間違いはない。

世界中、海はつながっていて海にはたくさんの魚がいるが、この四方を海で囲まれている島国日本は世界的に見ると、恐ろしいほどの良質な魚がそこら中で生殖している。

それはなぜか。

私が思うに、日本には山や森がたくさんあり、それによって海に向かって川がたくさん流れている。まずこの流れる水そのものが軟水でミネラル分が豊富だからである。

この川の水と海の水が混じり合う河口付近は、たくさんのプランクトンが発生し、それによってたくさんの小魚が生まれ、理想的な食物連鎖が起こっているからだろう。また、四季のある日本はこの微妙に移り変わる温度帯が、海の魚にとってたくさんの生殖地帯を与えているのではないか。

日本人はあまり気付いていないが、大きな陸続きの大陸の国などとは、自然環境、立地状況など大きく違っているのではないだろうか。

魚の種類はもちろんだが、貝の種類、蟹の種類、海老の種類など世界の中でこれほどたくさんの魚介類の質も高く種類も多い国は、日本以外にないはずだ。

我が国日本は、世界で一番の魚大国なのだ。

こうした恵まれた漁場で、漁師たちが常に最高の刺身を目指し、漁を行っている。

大きな網でたくさん獲れれば、いい魚が獲れるわけではないが、意外と世界の漁は、いまだにこのシンプルなやり方が主流である。日本も小魚や大衆魚、または定置網などたくさん獲ることを目的にしている漁業はいくつかあるが、魚に対しての扱いの丁寧さは極めて違う。

特に高級な刺身と寿司を目的とする漁は、一匹一匹を釣り上げることが主流である。

一本釣りの漁師と釣り上げられる魚との間には、ドラマが生まれる。釣り上げようとする漁師と、なんとか逃れようとする魚には、格闘技にも似た死闘が繰り広げられる。よって釣り上げられた魚の筋肉は激闘と興奮のために、熱くなる。しかも釣り上げられた魚が船上でバチバチ跳ね上がることによる打ち身を防ぐため、大きなスポンジの上で、衝撃を防ぎ、すぐに生け簀に入れなくてはならない。

網で獲る漁の場合は漁師との一対一の激闘はない代わりに、たくさんの魚とぶつかったり、重なったりするダメージもあるため、どちらの漁も一長一短ではある。

とにかくいかに魚へのダメージを最小限に抑えて最高級の魚を確保するか、そのためにたくさんの漁師さんたちが努力と工夫をされていることに頭が下がる。

そして港に揚げられた生きた魚はそのまま市場へは行かず、漁でのストレスダメージを落ち着かせるため、浜の水槽で1日ゆっくりと休ませてから市場へ送られる。

市場に着いた魚は荷受けによって、水槽にきれいに並べられ、競りに賭けられ、仲卸しの手に渡る。

ここからが最も重要なポイントに入る。ほとんどの生きた魚は仲卸しによって活き締めされる。仲卸しの仕組みもご存じの方は多いと思うが、水産会社の多くが、活魚専門は活魚のみを扱い、大衆魚専門は大衆魚のみ、貝類専門は貝のみ、その他海老、河豚《ふぐ》、鮪、冷凍魚など、すべて部門が分かれていて、専門の担当者がいる。

どの担当者においても魚に詳しいことは間違いないが、河豚担当者が鯛を扱ったことはなく、活魚担当者が貝を扱うこともない。よって活魚の活き締めは活魚担当者の中でも、職人クラスというようなスペシャリストが行う。

最高級の刺身を仕立てるにはこの活き締めという作業は、一番と言っていいほど大事なことだ。なにが大事かというと、刺身という料理が、料理としてスタートするからだ。活き締めの一番の目的は魚の中の血を抜くことだ。もし刺身にする魚が血を抜かず調理されていたら、血生臭く感じるのは想像がつくだろう。特に白身魚はそもそもが繊細でデリケートなため、活き締めをしていない血の回った魚を刺身で提供することは、今の日本ではないに等しいだろう。

そもそも魚の血は生きているときにしか抜けず、死ぬことによって血が回る。

だから、活き締めは魚が生きていることが大前提だ。

活き締めでもう一つ大事なことは、魚を締めて血を抜くことによって当たり前ではあるが、身が変化することだ。活き締め直後の魚の身はブリブリしていて個性的ではあるが、魚としての味は全くしないと言っていいだろう。

30年から40年前に大きな生け簀から生きた魚を取り出し、活き締めをし、活き造りにして提供した店が最近あまり見かけなくなったのは、派手なデモンストレーションよりも、実際のおいしさを感じなかったからだろう。

生きた魚は活き締めをすることによって、死後硬直を迎える。死後硬直を迎え筋肉は硬くなり、それと同時に旨味が増してくるので、おいしく感じる。

ただ、死後硬直を迎えた魚は旨味は強くなるが硬くなり、おいしく感じづらくなる。

最高級の刺身は身がプリっと活かって弾力がありながら、旨味が増していることだ。

ここでもう一つ、大事な作業が神経締めだ。

魚は活き締めをし、血を抜き、次に背骨の中にある脊髄の横の神経をピアノ線やギターの弦などを使って頭から尾っぽに向かって通していき、切断することによって、魚は死んでから死後硬直を迎えようとするが、切断された神経が麻痺するため、時間が経つことによって旨味は増していくが、身の硬直は遅くなる。

よって魚の身は時間経過により旨味は増すのだが、プリっとした生きた食感が残る。

これが理想の白身魚の刺身だ。

では、いつ活き締めをするか。

やみくもに活き締めをしてしまったら、料理がスタートしてしまう。

夜の6時から8時の間に鯛や鮃の刺身を切るのであれば、2kgくらいの魚体で、10時間から12時間ぐらい前が一番ベストな時間帯だという。

1kgの魚だったら、3kgの魚だったら、逆算する時間もまた違ってくる。

提供する料理の時間を逆算して、活き締めを始める。そして神経を抜く。

刺身を提供する料理人もプロであるならば、一匹一匹の魚を見定め、タイミングを計算し、活き締めし、神経を抜く活魚担当の仲卸しもプロである。

こうして仲卸しから譲り受けた魚を初めて店の調理場で捌く。

捌いたあと、やみくもに冷蔵庫に入れておけばいいかというと、そうではない。

活き締めされた刺身を目的とする魚は、冷たい温度を嫌う。

生魚である以上、温かいところに置いては腐敗に向かうため、決して良いことではないが、冷蔵庫に入れて冷たくすることによって、死後硬直は一気に進み、旨味が出る前に硬くなり、身も縮んだような状態になり、味も出てこない。

最近は恒温高湿庫冷蔵庫など、かなり冷蔵庫も進歩はしているが、一年を通して、温度の変化の激しい日常の中、なるべく筋肉が締まらないように調理場に常温で置いておく時間、緩やかなエアコンの効いた室内に置いておく時間、直接冷気が当たらないように厚手のタオルを被せておく時間など、最大限の注意を払う。

そして最後に誰がどうやって切るのかが、最も大事なところに入る。

鮎を焼いたり、鰻を焼いたりすることと同じく、まず経験値の少ない人間はこれだけ最上級の魚を扱うことはできないだろう。

また、切る道具も大事であり、この魚にふさわしい柳包丁でなければ、切れないだろう。

そして切る舞台、切る料理人の向き合う精神性も問われるだろう。

究極の刺身一切れは、そもそもの魚の育った環境はもとより、漁師の獲り方、仲卸しの活き締めや神経締めなどの扱い方、そして最後にバトンを渡された料理人の刺身に対しての思いと技量など、すべてが揃わないと、感動の刺身一切れは生まれない。

そして当然ではあるが、この刺身に使う極上の魚を扱う漁師、仲卸し、料理人、全員が、この食材に対しての愛情や、敬意がなくてはならない。

このすべてが整ったとき、世界に類のない、位の高い料理として刺身は存在する。

◇日本料理屋の刺身と鮨屋の握り◇

さて、同じ生の魚を食すにも日本では、日本料理屋と鮨屋とで分かれる。日本料理屋で出す生魚は刺身であり、基本的に生の魚に手を加えない。これが最上級の料理に値する。料理によっては塩をしたり、昆布で締めたりというものは存在するが、料理としてなにも手を加えない刺身以上には値しない。

最上級の白身魚の刺身を食するとなると、ベストな時間も非常に短い。仲卸しが朝7時から9時くらいに活き締めした白身魚などは、その日の夕方6時から10時くらいの4時間くらいがベストであり、それ以外はベストではなくなる。魚の状態は常に繊細でデリケートなものであり、白身魚は特に温度と時間を気にし続けなければならないほど、扱いも大変なものだ。

また鮪や鰤、貝類などの刺身も大きさに始まり、腹や背などの部位の違いなども含め、一つ一つを生で刺身で食すという、「一切れで完成される料理」に向けて考え抜かなければならない。

それに対して鮨屋の仕事は、日本料理店とは違う。

大きな違いは鮨屋の生魚は、寿司飯＝シャリに向かってすべての調節を計る。

わかりやすく言うと、日本料理店でのベストの刺身のタイミングではまだまだ旨味が弱く、シャリに合わない。

よって、さまざまな魚や貝類をシャリに合うように、一仕事をする。

これを鮨屋では、手当と呼ぶ。

ちなみに日本料理店では、魚の下処理を手当と呼ぶことはない。

シャリに合う魚とはどういうものだろう。

活き締めしたてピチピチの身が活かっている魚は、シャリと合わせても暴れた握りになり、米との旨味の調和が取れず、決しておいしいものではない。

手当もいろいろあるのだろう。締めた白身魚に塩をあて、水分を抜いて旨味を詰めていくやり方。自然と何日間かゆっくりと寝かせて旨味を増やしていくやり方。塩をして昆布で締めて旨味を付けるやり方。同じ昆布締めでも皮の部分を霜降りしてから昆布で締めたり、昆布締めした魚の皮を最後に炙ったりと、さまざまである。

貝類や酢締めの仕事も多種多様にあり、日本料理店とは似ているようで、違う部分が多い。

それは刺身という切り身だけでおいしく表現するやり方と、あくまでもシャリとの調和を大事にする握り寿司とでは、そもそもの考え方の出発点が違う。

何年か前に当店に、9年間お鮨屋で勤めた職人さんが入社してきた。

彼が勤めて1週間経ったときに私に「鮨屋と被る仕事がなに一つない」と言った。

それまでの私は、魚を捌いたり、酢で締めたり、魚に関しての仕上げも含めて、鮨屋さんの仕事とほぼほぼ同じだろうと思っていたが、そうではなかったようだ。

私の店のカウンターでは、毎日のようにおいしい魚の話になる。

日本料理店では、魚料理も焼いたり蒸したり揚げたりと、火を通す料理法もさまざまであるが、こと刺身に関してはお客さまから、この白身魚は何日寝かせているのかだとか、大きな魚は大味ではないのかなど、いろいろな論議になる。

詳しく聞くと、お鮨屋から聞いた話が多く、日本料理の刺身とは料理の理論が違うと、料理話に花が咲く。

たくさんの種類を扱うお鮨屋の御主人の話には、説得力があるが、何度も話をするように、シャリに向かってすべての仕事をするお鮨屋さんと、刺身も含め、煮たり焼いたり蒸したりと、火を通すものも含めさまざまな料理を提供する日本料理店とでは大きく違う。

歴史的に日本料理店は、料亭というスタイルが長く続き、接客担当は仲居さんが務め、料理長自身が魚の話を事細かく、お客さまに直接伝えることはなかった。

また、お座敷には掛け軸や花入れなど、季節の室礼《しつらい》も多く、庭を見ながらゆったりと食事を楽しみ、魚の話よりも器や文化の話などが多かったのではないかと思う。

現代においては、料亭経営も維持するのが大変な時代に入り、こじんまりとしたカウンターのみの店も増えてきた。

日本料理店の御主人料理長も、日本料理店ならではの魚の話をもっとしなくてはいけない時代に入ってきたのではないかと思う。

◇◇切るを極める◇◇

私が料理の中で一番大事にしている言葉は「切ることによって味が変わる」

これは『青柳』のご主人である小山裕久さんが、『味の風』という料理著書の中で語った言葉である。

22歳で『味の風』という本に出会い、この言葉と出会ったときの衝撃は忘れることはない。

世の中は西洋の料理もたくさん入り始めたときであり、日本料理も柳包丁を持って切れ味がどうのこうのと言っているだけでは、世界の料理に太刀打ちできないという考えの中、いろいろな工夫をこらし、「モダン和食」というおしゃれな和食が流行り始めたときだった。

そんな中唯一、「切って味は変わる」と言った小山さんの言葉には、日本料理が忘れかけていた一番大事な神髄を突き付けられた。

私はその世界を見たく知りたく、徳島の料亭『青柳』の門をたたいた。

青柳小山さんの切る鯛のお造りには、見たことのない世界観があった。

たった鯛の刺身3切れにスケールの大きさとすごさを感じた。

目指すところは、この3切れだと強く思った。

味付けもせず、火も入れず、巻いてこねて形も変えず、シンプルに刃渡り36㎝の尺二の柳包丁で切られた鯛のお造りがなによりも美しく、すごい料理に見えた。

そして鯛一切れ一切れが、口の中で強い存在感を訴えるような不思議な味わいになった。

「切って味は変わる」のだと、強く信じた。

小山さんはカウンターで究極のお造りとは、最高の食材、切れる包丁、切る技術、この3つが一体とならなければ、究極のお造りは生まれないと語っていた。

私はこの言葉を逃さなかった。

おっしゃる通り、そもそもの食材が良くなければ、いくら切れる包丁と切る技術があっても、究極のお造りにはならないだろう。

また最高の食材があっても、包丁という道具が大したことがなければ、切る技術があっても、究極のお造りにはならないだろう。

切る技術がない職人はそもそも問題外だ。

そしてこの3つの要素とは別に、生の魚を長い刀のような包丁で切る行為はものすごい精神性を要する。プラスチックのまな板で最高の刺身が切れるだろうか。汚れた白衣、長い髪の毛、爪や指先に至るまで、すべてがきれいに整っていないと、きれいな刺身は切れないだろう。バタバタと忙しい調理場の中で間に合わせるために切りつける刺身も最高の味にはならないだろう。

刺身を切るということは、食材や包丁、技術はもとより、自分自身をきちんと整えることも、味に大きく影響を与える大事な要因である。

私は究極のお造りが引けるのだろうか。

私自身はどちらかというと、刺身を上手に切るという職人タイプよりは、芋や蕪などを煮炊きする煮方職人のほうが性格的にも向いていると思っている。

逆に人間は苦手なものに対しての憧れが強いものだ。

いつも究極のお造りを目指していた。

私が48歳になったときに、ふと思うものがあった。

私は小山さんの48歳までを見させていただいた。

自分の48歳は小山さんのお造りに近づくことができただろうか。

まだまだだった。見えている世界が違うのだろうと感じた。

料理の理論はもちろん、日常の根本的なものすべてを見直さないと、切れないものだと悟った。

目指すものがあるということは、まだまだ伸びしろがあるということで、毎日いろいろなことを考えることが、幸せな時間なのだろう。

究極の一切れはまだまだ先にあるような気がする。

第7話

活き締め

世界の魚料理を変える

❖フランスパリで活き締めを広める❖

私は2013（平成25）年にフランスパリで日本料理店を開店させた。

ミシュランガイドで日本料理店にもたくさんの星は付いたが、本当に世界では受け入れられるものなのだろうか。

そして日本料理は、フランス料理やイタリア料理、中国料理のように、世界的な食として確立されるのだろうか。

なにより日本人自身がこの日本料理のすごさを本当にわかっているのだろうか。

私はどうしても世界の物差しで日本料理を測りたくなった。

それと同時に、国内だけで競い合っている日本料理界にも嫌気がさしていた。

このままでは日本料理は小さな日本という島国の中だけで埋もれていずれなくなってしまうのではないかと感じた。

なぜならそもそも日本料理のホームグラウンドである、日本での調理師学校における日本料理の希望者はこの何十年も1割から2割程度しかいないということに危機感を持っていた。

若い専門学生からしてみたら、華やかなフランス料理に人気が集まり、そもそも調理師学校自体も、入学すると白衣はコックコートを渡しているという実態だ。

料理に限らず、私も含めて日本人はみんな小中高校と日本の良いものを教わってこなかった、この教育の中で育った若者たちは日本料理や日本の食文化の魅力やすごさなど、知る由もない。

一般的に日本料理界は、〝怖い〟〝厳しい〟〝大変だ〟という言い伝えでしかない。

フランス料理もイタリア料理も製菓のパティシエの仕事なども、どんな仕事も必死にやれば、厳しいものに変わるのが、当たり前である。

日本料理だけが大変で厳しいという負のイメージで語られるのは、おかしい話だ。

そんな日本料理を日本の若者をはじめとする日本人が憧れる仕事に変えることはできな

いかと思い、海外での出店を決意した。
場所はフランスパリと決めていた。

日本人が一番憧れる花の都パリ、若い料理人が憧れる世界のフランス料理に一石を投じたかった。

また日本料理店が海外に出店するということは、日本建築はもとより、器やお椀、箸や包丁、のれんや着物、日本酒や焼酎など、さまざまな日本でしか存在しない伝統文化も一緒に運ぶことができる。

この日本料理が描くすべての世界観で勝負すると決めた。
自信はあった。
大きな問題は、食材であった。

日本料理はそもそも、この恵まれた日本の食材があったからこその刺身であり、出汁を使ったお椀であり、シンプルな炭火焼きや、野菜のおひたしである。

この食材がなければ非常に難しいことは、百も承知であった。

ただ世界中に広まった、フランス料理、イタリア料理、中国料理はさまざまな食材の困難や、文化の違いなどを乗り越えての今ある姿なのだろう。

日本料理が日本でしかできないという定義を付けてしまったら、世界戦では通用しない。できない理由を並べるよりも、できるやり方を探していくほうが発展的である。

フランスにおける魚事情が日本とは違い、魚の種類や、鮮度などクオリティが下がるのは理解していた。

当然ではあるが食文化の違いから、鮮度の良い魚を生で食す刺身やお寿司などは、そもそも存在しないのは当たり前である。

よって魚は焼いたり蒸したり揚げたりと、火を通すことが前提であり、それにバターやクリームのおいしいソースを添えるのが、従来のフランス料理のスタイルだろう。

国営の大きなランジス市場やいろいろなマルシェに案内していただき、フランスの魚事情を初めて体験した。

日本の魚と比べることよりも、この魚でおいしい日本料理を作れるかを考えたほうが、現実的だと思った。

もちろん刺身で使えるような鮮度の良いものもなければ、日本のように活き締めしている魚はあるはずがなかった。

日本料理において刺身という料理は、一番大事な料理と言っても過言ではないが、刺身を出さなければ、日本料理ではないなどと考えているのは、日本人だけであって、そもそも日本料理自体を窮屈なものにしていると感じた。

パリ店開店当初は、鮪はロンドンなどから仕入れ、白身魚や烏賊《いか》はフランスで極力鮮度の良いものを集め、薄く切ったり、昆布締めにしたりなどして、提供していた。

忙しい日々が何カ月か続く中、私の中でふと考えるものがあった。

〈このままフランスにある魚の状態で料理をし続けるか、そもそもの魚のクオリティを日本のように変えてしまうか……〉

フランスパリでの日本料理店の営業活動も、10年、15年は最低でも続くだろうという見通しの中、今ある現状の魚と10年、15年付き合うか、魚そのものを一から全部変えて種類は違えども、最高のクオリティまで持っていくか。

どちらも大きなリスクと問題点はあると思ったが、わざわざ日本から来てなにもしないで今ある現状に悩んでいるのであれば、一からすべて変えることをあえて選んだ。

現代のフランス料理自体も健康志向の中、バターやクリームを極力減らし、素材の良さを生かしながら、シンプルに食べやすく軽い仕立てに変わろうとしている。

そうなると重厚だったソース自体を変えるよりも、鮮度の良い活き締めした魚を使い、素材そのもののクオリティを高めたほうが、料理のおいしさは大きく変わるのだと、思った。そして、フランス料理が変わればイタリア料理も含め、ヨーロッパ中の料理がこのスタイルに変化する。そして次はヨーロッパ中が変われば、アメリカ大陸とアメリカ圏の料理のスタイルも自然と素材重視のスタイルに変わっていく。

鮮度の良い活き締めの魚は世界中の料理スタイルを変えることになる。

調理する料理人も食べるお客さまもこの魚を望んでいたのではないか。

私はそう考えた。

よって私のパリ店開店を全面的に協力してくださった、大徳眞一社長のご理解とご協力のもと、ヨーロッパフランスパリで生きている魚を締める活き締めと、生きた魚を輸送する活魚の流通、ヨーロッパでは誰もしていなかったことを事業として始める決意を固めた。

大きな、大き過ぎる決断だった。

まずは港まで生きた魚を運んでくれる漁師さんを探すところから始まった。

フランスでの漁業は大きな網で魚をすくい上げるような底引き網漁が主流で、生きた魚をそのまま港に運ぶという考えや想像が、当たり前ではあるがなかった。

パリ店が開店して間もないころ、パリから450㎞ほど離れたフランスのノワールムティエ島より、一人のシェフが私のところを訪ねてきた。

彼の名前はアレクサンドル・クイヨンさんと言い、『La Marine』という当時二つ星のレストランを経営しているシェフであった。

話を聞くと、レストランの目の前は海に面していて、いつも港に揚がったばかりの新鮮な魚が手に入るという。

よって、フランスで一番の魚料理を提供するレストランを目指しているのだという。

東京から来た私に魚のことをより深く教えてもらえないかという話だった。

彼のレストランからパリ店までの時間は最低でも5～6時間かかるほどの遠く離れた場所にあり、休日を利用して私のところに訪ねてきた。クイヨンシェフの料理に対する真摯な姿勢は情熱とともに伝わってきた。

私は開口一番、「生きた魚を港で見たことがあるか」と尋ねた。

クイヨンシェフは、「一番親しいスズキの一本釣りをやっている漁師がこの間生きたスズキを4本持ってきた」と言った。

「生きた魚はいるじゃないか」と私は叫んだ。

そのあとクイヨンシェフに「ちなみにスズキはどうしたんだい」と聞くと、「どうしていいかわからなかったから、そのまま冷蔵庫に入れた」と言った。

そのあと魚談義は活き締めの重要性をはじめ永遠と続き、最後に私から「今度そのスズキの漁師さんを紹介してほしい」と頼んだ。

初めてその漁師さんとお会いできたのは、私がパリ店に出張した1カ月後だった。

私は当時の築地市場での、活魚車から生きた鮃が運ばれる様子や、活魚の競りの様子、競りが終わってから仲卸しが注文された魚を活き締めする様子など、活魚においての一連の流れをビデオに録りDVDに収め、ノワールムティエの漁師さんに見せることにした。

漁師さんは日本の築地市場での様子は、話では聞いたことがあるが、想像以上のスケールの大きさに驚いていた。

私は漁師さんに「生きた魚を港まで持って来られるか」と尋ねた。

漁師さんは「漁によって、獲れるときと獲れないときがあるが、少しだったら持って来られる」と答えた。

私はこの言葉を信じるしかなかった。

実際に生きたスズキをフランスで見たのは、翌月のことだった。

私はあのときの感動を今でも忘れることはない。

時間がなかったため、すぐに活き締めをして、スズキの薄造りを切って、シェフと漁師さんに試食していただいた。

「こんなきれいな臭みもない透き通った魚は見たことがない」と2人は驚いていた。

こんなきれいな魚だったら、ワインを飲む必要はないと、面白いコメントもしていた。

シェフはこの魚を焼いておいしくするにはどうしたらいいのかと、聞いてきた。

私は「このまま2日間くらい寝かせておくと旨味が増してきて、焼くと筋肉質でソースもいらないほどのおいしいスズキの焼き物になるよ」と答えた。

興味津々の2人からたくさんの質問を受けて、フランスでの初めての活き締め講習会は終わった。

その後も私はパリ店でのすべての通訳をはじめ、コーディネートをしてくださった相原由美子さんの仲介のもと、ノワールムティエ島はもとより、ブルターニュの各港、時にはヘリコプターに乗って移動するほどの港町を含め、フランス中と言っては大げさではあるが、数え切れないほどの漁師さんや漁業関係者の方々に会い、東京築地市場でのDVDを見せながら、活魚の輸送と活き締めの重要性を話して回った。

ほとんどの方がこれはすごいと感動をし、フランスでもこういったことが必要だと言ってくれた。またこういったことは法律違反だと言う方や、フランスでは受け入れられないのではないかという厳しい意見も多数あり、反響はさまざまだった。

私は誰になにを言われても気にならなかった。日本では毎日当たり前のようにやっていることであり、魚をおいしくするのに、魚の血を抜くというこの活き締めが一番重要だということが、今までの経験上、間違いないという確信のもと、反対意見など耳にも入らなかった。

なんとか生きた魚をパリまで運べないかと、真剣に考えた。

輸送は横浜の運送会社に勤める平田学さんが、この形になるかわからないようなリスクの大きな仕事ではあったが、私の熱意に共感をしていただき、日本人としてこのヨーロッパの食文化も変えるかもしれない大きな夢、希望、未来に向かって、共に活動してくれた。

魚を運ぶ活魚車がまた大きな問題であった。

そもそもフランスをはじめヨーロッパには活魚を運ぶ専門車など、存在しなかった。

日本での知人の紹介を経て、外務省、国土交通省、経済産業省の3人の優秀な役人の方々が知恵を出し合い、なんとかフランスで活魚車が走れないかと、考えた。

結果的にヨーロッパにある日本車の子会社にエンジニアのビザを取り派遣し、部品も日本からすべて送り、車の本体以外の活魚車のシステムを一から現地で作ることに決まった。半年ほどかかって、ようやく2台の活魚車が完成され、ヨーロッパの車検に初めて通った。活魚車のドライバーのフランス人がこんな車は見たことがないと驚いていた。そして「できればこの車には乗りたくない、珍しい車なので何回も警察に捕まりそうだ。自分は点数が少ないので、今度違反をすると仕事にも支障が出る」と言ってきた。

車検も通って違反車ではないことを何度も説明し、渋るドライバーに初めての活魚車の運転を頼んだ。

活魚車と同時にパリ市内で物件を見つけ、活魚を受け入れる魚屋さんを作らなければ、ならなかった。

パリ市内では今でもその地域に魚屋さんが1軒、肉屋さんが1軒、チーズ屋さんが1軒など、昔の日本でもあった米屋さんや酒屋さんのような、特別な免許制のようなものが残っていた。だから、魚屋を新規で開店させようとすると、もともとあった魚屋さんから権利を買わなければいけない。

ちょうど凱旋門の裏側に売りに出ていた魚屋を買い取り、活魚が受け入れられるように、内装やシステムを変えた。活魚のシステムを整えていただくため、静岡県伊東市にある知人から紹介を受けた、活魚店の方にわざわざ何カ月も来ていただいていた。

こうしてフランスパリで初めて活魚専門店を開店する運びになった。

実際の活魚はノワールムティエの漁師さんに頼んだ。

こうしてなんとか花の都パリに第1回目の活魚を運ぶことができた。

初めてパリの魚屋の水槽にスズキが泳いだとき、涙が出る思いだった。

点と線がやっとつながったような気がした。

しかし、これはスタートに過ぎない。活魚を週に何回か魚屋まで運び入れ、それをレストランに納めて、さらに広めていかなければならないという現実が待っていた。

私は毎月パリ店に出向き、事あるごとに活き締め講習会を開いた。

パリのフレンチシェフや魚屋さんなど、興味のある方に声をかけて、毎回10名から20名の方たちが集まった。

時には一軒のレストランや、一流ホテルの厨房、調理師学校、地方の水産会社などさまざまなところに出向いて活き締め講習会を数多く行った。

当たり前であるが初めて生きた魚を見る方も多く、まな板の上で出刃包丁で魚を締めるところは、どなたにとっても興味を引くものだった。

まず活き締めする行為自体は1、2秒で終わるものであったが、なぜ活き締めをするのか、その必要性と料理の理論を30分から時には1時間ほど、魚に対してのいろいろな角度から話をした。

集まった方たちの真剣な眼差しは胸に来るものがあった。

最初の活き締めのデモンストレーションは私が行ったが、そのあとの2匹、3匹は神経締めも含め、その場にいるシェフたちにあえて体験してもらった。

魚は、鰈《かれい》やスズキ、チュルボなどを使うことが多かった。

内容としては①その日の朝に締めたもの、②前日の朝に締めたもの、③前々日の朝に締めたもの、④今締めた締めたてのもの、⑤パリのマルシェで買ってきた活き締めしていないもの、以上の5種類を並べるのだ。

もちろん、①~④の締めた魚に関しては、同じ時間に締めたものを揃えた。

最初は薄造りしたものだけを皿に並べ、素材感を味わっていただくために醤油は付けずに少量の塩と酢橘《すだち》だけを添えた。そして次に、日にち違いの同じ魚を握り寿司にして試食してもらった。寿司ももちろん、塩と酢橘しか添えなかった。

10人から20人いれば、試食の感想もさまざまではあるが、薄造りにした刺身に関しては その日の朝と前日の朝に締めたものがおいしいという意見がほとんどだった。

これが寿司になると、前日と前々日がおいしいと言い、日本人の感覚とほとんど変わらなかった。そしてマルシェで買ってきた魚には誰一人、手も付けなかった。

私は火を通さない、味も付けない、この白身魚にこれだけの旨味の変化があることを伝えたかった。魚は火を通す前にこれだけの料理の可能性があることも示したかった。

そして必ずフランス人のシェフから聞かれる質問は、この魚は火を通すとどうなるんだということだった。

もちろん彼らの料理は、火を通すことによって表現されるものが多く、当たり前の質問だった。

この活き締めした魚は大きさにもよるが、2日から3日くらいは冷蔵庫の中で寝かせておいたほうが旨味が増して、焼いても蒸してもおいしくなるよと答えた。

当時の一流レストランはその日の営業が終わると、冷蔵庫の中にその日仕入れた魚が残っていないというのが定義だった。その日仕入れた新鮮な魚をその日のうちに使い切るということが、良い魚の使い方といわれていた。

これはもちろん、活き締めをしていない白身魚にはベストな使い方だと思う。

逆に活き締めされた白身魚系統は、臭みとなる魚の血が抜かれ、筋肉の死後硬直を迎えたあとに、脂も旨味も魚全体に行き渡り、おいしくなる。

よって、1kg、2kgの魚体で2日から3日、下処理をしてから旨味を増すために冷蔵庫内で寝かせておくことが、重要になってくる。

活き締めをして血を抜くことによって、現在フランスで行われている魚の理論とは全く逆のことが起こる。

私は決してフランス料理を日本料理に変えたいわけではなかった。

フランス料理の中に刺身を入れてもらいたいわけでもなかった。

フランス料理をはじめ、世界中の料理が火を入れた魚料理だけではなく、生の状態からの魚料理の大きな広がりや可能性を、世界中に示したかった。

魚が生きて締めるところから始まれば、今まで魚の臭みや状態を補う香草や油、香辛料などがほとんど必要なくなり、その魚の素材感をもってあくまでもおいしく自然で人にとって健康的な料理に変わるだろう。

世界中はこのような食材を求めているのではないかと思った。

何十回もやり続けた活き締め講習会の最後にいただくたくさんの拍手と反響の中、確かな手ごたえを感じていた。

活き締めにした魚のクオリティや調理法などは少しずつ理解はされていったが、価格の問題や安定供給、そもそも私の活魚店のオペレーションなど、問題は山積みであったが、地道な活動を続けていくことにより、パリはもとより地方の水産関係者にも噂が広まり、興味を持たれるようになっていった。

当初、私の活き締めを広める活動に批判的で反対をしていた大手水産会社や漁業組合の方たちが、わざわざパリ店にまで私を訪ねてきて、一緒に組んでやらないかと言い始めた。私自身はこの活き締めと活魚の輸送と活魚店を、私一人の事業にするという考えは毛頭なく、日本では当たり前のように毎日行われていることであり、おいしい魚料理を提供するには世界中がこのシステムに変わるべきだと思っていたし、早くフランスをはじめ、ヨーロッパ中に広まればいいと願っていた。

ただ、やっと点と線とが結び始めた時期であるため、興味本位に知識もないまま、ビジネスのためだけに使われるのは決して長続きしないと思っていた。

私は水産関係者の方たちに改めて、そもそも魚を活き締めにする科学というか医学にも似た根拠や理屈、生きた魚の輸送の仕方、また魚屋での活魚の扱い方や水槽のシステムなど、持っている知識のすべてを丁寧に伝え、今急いでフランス中に広げるのではなく、今後永遠に魚に関わる方たちが同じ認識を持って、魚が扱えるようになるために、もう少し時間をかけてゆっくり進めていかないかと、話した。

まずは私の活魚店がもう少し価格も含め、安定供給できるようになるまで見守ってくれないかと頼んだ。水産会社や漁業組合の方たちは、活魚や活き締めに対しての私の話が、彼ら自身が想像するものよりも複雑で深みのあることを理解して、「すごい話だ、我々はそこまで考えていなかった」と納得してくれた。

そして港の漁師や魚の情報は自分たちのほうが多く持っているので、必要であればいつでも協力すると言ってくれた。

このようなやりとりができるようになるまで、3年から4年もの時間を費やした。

それからも私は毎月活き締め講習会をやり続け、時には港の漁師さんや漁業関係者にも会いに行き、また活き締め魚の配達はもちろん、使ってくださるレストランのシェフとのコミュニケーションを取りながら、何人かの協力者と一緒に地道な活き締め普及活動を続けていった。

そしてお客さまは徐々に増えていった。その中には、アラン・デュカスやパスカル・バルボ、ヤニック・アレノなどの三つ星シェフや、日本人の星付きシェフ、日本から来ている鮨屋の親方さん、また地方の三つ星、二つ星のレストランのシェフからも、ぜひ活き締めの魚を使ってみたいというオファーをもらった。

少しずつであるが着実に活き締めはパリをはじめフランス中に広まり始めた。

途中、ブルターニュの港町キブロンの漁師たちを束ねている魚屋のパトリックさんと活魚の輸送を組み、細い線が少しずつ太くなっていった。

活き締め活動も6年、7年と進んでいくうちに、世の中がスマートフォンの普及により、ＹｏｕＴｕｂｅによる日本での活き締めのシーンがフランスでも見やすいものになり、私の活き締め講習会も予習と復習ができるようになっていった。

そして地方の港町でも私の活き締め講習会の内容がＹｏｕＴｕｂｅの普及により、よりリアルに伝わっていった。

フランスの漁業関係者が、死んだ魚から生きている魚を求めるようになっていった。

そして見よう見まねで活き締めをするようになった。

そこからの速度は私の想像よりもはるかに早いものになった。

魚を売りにしている港町ではうちの港では活き締めの魚を使っているとうたっていると
ころも出始め、パリの魚屋さんやマルシェでも活き締めの魚が並び始めた。
また、酸素を入れた風船の中に生きたままの魚を入れて送るという日本式の輸送をし始
めた魚屋さんも出始めた。
そこから1年、2年経つと、レストランのメニューにはスズキの活き締めのソテーなど
と書かれ、活き締めの魚のステータスが確立し始めた。
私の地道な活動は少しずつではあるが、フランスにおける料理界に変化をもたらした。
私のパリの活魚店はコロナ禍の中、静かに閉店を迎えた。
まだまだこの本では書き足りないことは山ほどあるが、ヨーロッパフランスにおいての
食文化の未来を提案したことは間違いなく、日本人が一匹の魚に思うアイデンティティは
伝えたつもりでいる。
私のパリ店での10年間の活動は、日本料理と日本の食文化を広めることはもとより、こ
の生きた魚の可能性を活き締めや活魚の輸送をもって、伝えるためにあったと思った。
そして誰よりも活き締めの魚に興味を持っていた、『Ｌａ Ｍａｒｉｎｅ』のアレクサン
ドル・クイヨンシェフは２０２３年度のミシュランガイドにおいて、三つ星に輝いた。

第8話

包丁

「切る」＝包丁

❖切るを知り、包丁を知ること❖

日本料理の調理法で一番大切なことは、「切る」ことだ。

「割烹《かっぽう》料理」という言葉を耳にすることが多いと思うが、この言葉の語源は「割主烹従《かっしゅほうじゅう》料理」の略であり、どんな意味かといえば、「割」は「包丁で切ること」を、「烹」は「火を使って煮ること」を表し、まず「切るが主であり、煮るは従う」という意味になる。

それだけ日本料理は昔から、切ることに重きを置き、こだわってきたのだろう。

切ることがそのまま、味につながることから、出来上がった料理を切れ味の良い料理と表現することもあり、料理の上手な職人に対して、包丁の切れる料理人だという、褒め言葉にもなっている。

西洋料理にはこうした考え方はない。切ることより魚や肉の火の入れ方やおいしいソース作りのほうが大切にされており、切ることはあまり語られていない。

切ることにこだわるのは、世界の中で日本料理独特の感性と言っていいだろう。

日本では古来、武士が持つ刀が大切にされてきた。単なる武器としてではなく、魂を宿す精神性の高いものとして尊重され、受け継がれてきた。

包丁はその延長線上にあり、刀をイメージして作ったことは間違いないと思う。だから、包丁も刀と同様に精神性が高い。鍛冶《かじ》職人の思いが念となって、包丁にも宿っているに違いない。

そんな包丁を料理人が持つと、その料理人の念も包丁に入るわけである。だから、店で包丁が用意されているケースもあるだろうが、私は自分の包丁を自分で持っておくほうが、包丁と体が一体化して、数段料理も上達すると考える。

また、自分自身の持ち物であるからこそ、大切に手入れをしようという気持ちにもなるのだと思う。

❖初めの包丁選び❖

まだ経験もない料理人になりたてのころは、どんな包丁を買えばいいのかわからないだろう。例えばギターに興味を持って習い始めると、うまい人のギターに憧れて欲しくなるのと同じように、自分の包丁が欲しくなるものだ。

料理をやる人間が、包丁にこだわらなかったり憧れなかったりするならば、その将来には大して期待できないのだと思う。やはり、道具への憧れは「いつか立派なものを持てるようになろう」という向上心にもつながっているはずだ。

とはいえ、最初から超一流の包丁を握ったとしても、とても使いこなせるものではない。一流の道具は、一流の仕事人が持ってこそ輝くのだ。

だから、初めに持つ包丁はなんでもいいといえばなんでもいい。もし調理師学校を卒業していたら、最初の数カ月は学校で使っていた包丁をそのまま使っても一向に構わない。調理師学校で使う包丁は、短くて誰でも使いやすい。まずはそれで仕事に慣れればいい。しかし、そのうちその包丁では、仕事の幅が広がらないことがわかってくる。包丁にはさまざまな用途があるわけだが、短い包丁では用途が限られているので、やるべき仕事をこなせなくなってくるのだ。

そこでいよいよ、プロの包丁が必要になってくる。

ここが、レベルアップの第1段階。そこから自分の成長スピードに合わせて、包丁もレベルアップしていく。どれだけ早く、どれほどの包丁を使いこなしていくのか、料理人としての姿勢の見せどころでもある。

では、プロとして買う場合に、どんな包丁を手に入れればいいのか。

包丁にも種類がある。

まずは野菜を切る薄刃包丁。それから魚をおろす出刃包丁。そして、刺身などを切る柳包丁だ。

その中でも出刃包丁には、頭をガツンと落とせる大きくてしっかりした本出刃包丁と、身だけをきれいにおろす相出刃包丁、小魚等をおろす小出刃包丁の3種類がある。初めのうちは全部揃えなくても、そのうち徐々に必要になっていくものだ。

また、経験を積むまでは、刺身を切る柳包丁は必要ではないので、まずは薄刃包丁と出刃包丁の2本を揃えればいい。

◇プロとして自分自身の包丁を手に入れる◇

私は高校を卒業してすぐに、料理の世界に入ったので、包丁は一本も持っていなかった。ただ、ありがたいことに、高校時代にアルバイトをしていた居酒屋の板前さんから、若いころに使っていたという薄刃包丁を1本譲り受けた。

就職祝いにといただいたのだが、その方にとっては大切なものだったに違いない。板前さんが今では使わなくなったその包丁を修理に出して、きれいに整え、私に「最初はこの包丁を使って、料理が上手になってきたら、新しい包丁を買えばいい」と渡してくれた。

その気持ちがうれしく、魂を受け取った気持ちになったのを今でも覚えている。

そこから1本ずつ包丁を揃えていった。日本料理屋には、付き合いのある包丁屋さんが出入りすることが多く、若い料理人のために包丁を広げ、見せながら説明してくれる。

入店当初から、包丁には興味があり、見ること聞くことのすべてが新鮮で、包丁屋さんが来ることが楽しみだった。

また、包丁を見ると欲しくなり、よく買っていた。

支払いもわずかな給料の中、月賦で払い続けていた。

私が一番最初に買った包丁は、出刃包丁だった。

最初に入った店は、まず魚から覚えろとのことで、魚の水洗いと下処理を教えていただいた。初めて大きな本出刃包丁を買ったときの興奮は今でも忘れられない。先輩に毎日、包丁の研ぎ方を教えていただいた。

次に薄刃包丁を買った。

魚と同様、野菜も切ることが多くなり、何カ月かはいただいた包丁を使っていたが、やっぱり新しい自分の包丁が欲しくなった。

いただいた包丁は江戸型と言われる、かまぼこによく似た四角い形の包丁だったので、関西でよく使われる鎌型の薄刃包丁を買った。

何カ月か経つと、やっぱり柳包丁が欲しくなり、初めて刃渡り30㎝の尺の柳包丁を買った。刺身を切るのは、何年も先であったが、柳包丁を持っているだけで、夢を見ることができた。

そこから何年か経つと、本焼き包丁と言われるすべて鋼《はがね》でできている包丁に憧れるようになった。今まで持っていた包丁は霞包丁と言って、刃の裏側に鋼を使用し、表には鋼などの異素材の金属を張り合わせて作られた、扱いやすい包丁である。

すべて鋼でできている本焼き包丁は、吸い付くような感覚で、素晴らしい切れ味になる。経験が少ない料理人には、そこまでの感覚はまだ理解ができないものだ。

それからの私は、自分の技量よりも先に良い包丁を買い続け、技量が包丁を追いかけるような毎日を送っていた。

給料のほとんどが包丁代に変わっていったが、なによりも大切にした。

本焼きの包丁を持って、魚や野菜が吸い付く感覚を覚えたときには、一瞬だけ一人前になれた気がした。

出刃、薄刃、柳、河豚引き、鱧《はも》切、鰻裂き、その他もろもろ含め、四十数本の包丁を買っていた。

刺身を切るためだけの尺二寸の本焼き柳包丁に限っては、気が付いたら11本も持っていた。

毎年、正月営業が始まる前に、11本の柳包丁の中から今年使う2本を決め、1年間その2本を使い続ける。翌年は残りの9本の中から2本を選んで使う。選ぶ基準は特にない。そのときの直感で決める。

11本の柳包丁を結果的にローテーションしながら、使っている。

一番の目的は同じ包丁だけを使い続け、包丁を研ぎ続けることによって、形が薄くなったり、短くなったり、幅が狭くなったりという原型が変わることを避けるためである。昭和世代の職人が15年、20年使って短くなった包丁を、使いやすいと美化するのは全くもって嘘の話で、包丁を含め道具というのはそもそもの形や長さ、大きさ、重さなどに意味があり、原型が崩れることによって良くなる道具はなに一つない。

ゴルフのクラブや、野球のバット、釣り竿など、長年使うことによって万が一短くなるようなものであったら、道具として存在するのだろうか。

短い包丁が使いやすいということが本当であるならば、最初から短い包丁を買えばいいだけだ。長年使い続けて愛着が湧くのと、包丁としての最高のパフォーマンスを発揮することとは、大きく違う。

職人として技量と包丁のグレードは常に同じであると思っている。また、自分の包丁を整えておくことが、料理に向き合う最大の心構えであり、姿勢である。

私はこの7、8年、包丁を一本も買っていない。そもそも40本以上の包丁があるので、使い回すだけでも大変で、今さら必要性はない。ただ60歳を迎えたら、もう一度新たな柳包丁をあつらえる予定でいる。今まで持っている11本の本焼き柳包丁よりも、さらにグレードの高い刃渡り尺三寸の柳包丁と、河豚引き包丁を使うつもりだ。

今よりも年を取り、体力も衰えることは想定しているが、今よりも長くて重いすごい柳包丁を持って、気合いを入れ直し、最後の10年、15年の料理人人生を楽しみたいと思っている。

包丁を研ぐことは自分を研ぐこと

どんなに良い包丁でも、使うのと同じぐらいに研ぐことが大事である。

おもしろいことに、料理人の切る技量と研ぐ技量は同じ。切るのが上手なのに研ぐのが下手な人はいないし、上手に研げるのに切るのは下手という人もいない。

切るときには「こう切れればこうなる」と見えるのと同じく、研ぐときにも「こう研ぐとこうなる」と見えている世界は同じである。どちらも下手な人間は、どちらも全く見えていないからうまくいかない。

最終的に、包丁という道具をきれいに整えることが研ぐことになっていく。

もちろん、若いうちは経験値が少ないので切るのも研ぐのも下手だ。だから、最初の包丁は途中でダメになることが多く、直さなくてはならなくなる。そして、研ぎ直しを繰り返すうちにどんどん薄くなっていき、使いにくくなってしまうのだ。

すべては失敗からしか学ぶものはなく、そこから、包丁も研ぎもレベルアップしていけばいい。


正直なところ、私自身もまだまだうまく研げるとは思っていない。

そんな簡単な世界ではない。包丁自体も、根元と刃先とでは、厚さも角度も違う。

その理屈がわかっていながらも、それに合わせて均一に研げるまでに、数年はかかる。そして包丁を研ぐことで、一番大事なことは砥石が平らであることだ。

包丁を研ぐ以上、砥石がずっと平らであるわけがなく、包丁を研ぐ前にきちんと砥石を真っ平らに研がなくてはいけない。１００％真っ平らな砥石を作るのにも、相当な労力を必要とする。

人間は常にごまかし、嘘をつき、妥協をする生き物である以上、砥石を真っ平らにして、包丁の淩ぎをきちんと当てて研ぐという、この単純作業に必ずブレが出る。私は長い経験上、包丁と砥石を見ただけで、その料理人の性格まですべてわかる。そのくらい包丁を研ぐということは、自分自身と向き合うことであり、包丁を研ぐということは、自分を研ぐということと同じである。

そして、包丁も砥石も自分を映し出す鏡になる。

私の包丁の中での何本かは、包丁屋さんのプロの研ぎ師に頼むことがある。仕上がってきた包丁は1カ月もの間、切れ味が変わらずすごい仕立てになっている。私レベルの料理人が研ぐ世界とは、全くもって経験値と見えている世界が違うのだと感じる。

包丁を打つ世界にも名人がいて、研ぐ世界にも名人がいる。

私は包丁を研ぐ技量はまだまだであるが、料理を作る名人は一生をかけて目指したいと思う。

第9話

器

和食器

❖先細りしていく陶芸界❖

料理と器の関係はいつの時代も、切っても切れないものである。

歴史的には、そもそも料理を食べるための道具に過ぎなかったものが、人はさまざまな形を作り、釉薬《ゆうやく》をかけ、きれいな絵付けまでして一つの作品にしていった。これほどの芸術性豊な食器に料理を盛り込むのも、世界中の料理で、日本料理だけではないのか。

安土桃山時代には千利休、江戸時代には琳派《りんぱ》の野々村仁清《にんせい》や尾形乾山、また昭和初期には北大路魯山人など、時代時代に陶芸界もスーパースターが現れ、現代まで大きな影響を与えている。

私の店の「銀座小十」という名前も唐津焼の陶芸家西岡小十先生より、ご縁がありいただいた名前である。

開店当初より、宝物である西岡小十先生の器と、息子さんの良弘さんの器をよく使ってきた。

商売も少しずつ軌道に乗ると同時に、無類の器好きの私は銀座界隈のギャラリーなどで、少しずつ器を買い足していった。

そんなときふと、若い作家さんの個展に行き、センスがあり、勢いのある器を目にした。値段は私が思う金額より格段安く付いていたが、なぜか器は残っていた。

よく考えると、日本料理屋で使う陶器などは自宅では使わない時代に入っていた。家庭での料理が和食よりも、洋食が中心に変わってきたのと、マンション住まいでしまうスペースも少なくなり、日本の家庭から和食器がなくなった。

また、茶道人口も年々少なくなり、趣味も含めた和食器への関心も薄れてきた。

結局、若い作家さんの作品は料理屋にしか行く道がなくなった。

ただ料理屋も不景気の中、最初に削る経費は器であった。

これではどんなに才能がある若い陶芸家が現れても、よっぽど料理屋にとって景気の良い時代が続かなければ、陶芸界自体が終わってしまうということだ。

こんなに素晴らしい日本の伝統文化、また日本料理の背骨を支える和食器、陶芸界がなくなろうとしている。

この状況では次の世代が、陶芸界を引き継ぐことも少なくなり、先細るだけの業界になってしまう。この現状に私は居たたまれない思いを強く感じた。

私の勝手な使命感に、勝手にスイッチが入った。

私は日本料理店の何万軒の中の一軒の端くれでしかないが、今私にできることは目の前の良いと思う器を買い、私の店で料理を盛り、お客さまに提供することしかないと思った。

最初に私に器との向き合い方を教えてくれたのは、20代の若いころに勉強させていただいた、京都で400年も続く『鮎の宿つたや』のご主人である。

器へのこだわりも強かったご主人は、器の整理をお手伝いさせていただいている私に「奥田君も自分で商売をやって少しでも利益が出たら、こうして器を買ってまたお客さまに還元していかないといけないんだよ」とおっしゃった。

400年続く料理屋の神髄は、こういう哲学にも似た考え方のもとに、成り立っているのだなと、強く感じた。

料理屋商売をやる者としての、お客さまに対する一番大事な姿勢として、良い言葉をいただいたと、今でも忘れずに心に留めている。

そして、先細りしていく陶芸界の現状を打破し、日本国内はもとより、この素晴らしい芸術と才能を世界に向けて発信していかなければいけないと、心に強く誓った。

それには日本料理自体がもっともっと世界に飛び立ち、海外での高い評価を得なければいけないと、考えるようになった。

◈現代作家たちと向き合う◈

陶芸界は昔から厳しい世界で、50代になっても若手と呼ばれることもあり、父親の跡を継いで業界に入る方も多いため、若いころはだれだれさんちの息子と呼ばれ、本人の名前で呼ばれるようになるには、40歳、50歳と年を重ねていかないと、認めてもらえない厳しい世界だ。

また個展の成績が重要視され、個展で売れていかないと、当たり前ではあるが、次の個展に呼ばれることはない。

そして、陶芸界一般的には、若くして良い作品を作っても、なぜか値段は安く付けられることが多い。そんな中、一年に何回かの個展をやるプロの陶芸家でも、食べていくのにやっとというのが、現状だ。

それを知った私は、今生きて活躍している若い作家さんを応援しなければ、陶芸界の未来はないと思い、わずかな力ではあるが、若い作家さんの個展の作品をよく購入するようになった。

そして何年か続くと、人対人の信用関係も生まれ、近くで個展があるたびに、私の店にも足を運んでくださるようになり、いろいろな意見を交換しながら、お互いの価値観を高めていった。

そんな中よく聞く言葉に、盛りやすい、使いやすい、重ねやすいなどがあった。

確かに売れる器はこういうことなのだろうが、料理を盛っていて、盛りやすい器が本当に良い器なのだろうか。また、刺身にも、天ぷらにも、焼き魚にもなんにでも万能に使える器は、本当に良い器なのだろうか。

重ねやすくて、しまいやすい器に、器としての個性はあるのだろうか。

私はすべて違うと、彼らに投げかけた。

そして私自身が、ありきたりな器に料理を盛ることは、とっくの昔に飽きていた。

パリコレで発表されるデザインの服は、本当に着やすい服なのだろうか。

車も世の中でかっこいいといわれている、フェラーリやカウンタックは、乗り心地の良い車なのだろうか。

10人に対してうけるもの、100人に対してうけるものを作っていくと、なぜか無難なものにしかならない。

個展で成績を収めるには、どうしても守りの姿勢に入るのは仕方のないことだが、プロとして、作家としての個性をぶつけていかなければ、先はないのではないか。

どんなに料理の盛り付けが大変でも、お客さまが食べにくくても、洗いにくくても、拭きにくくても、収納しにくくても、今までにない器はないのかと、問いかけた。

料理はその器に向き合う料理人が、どう盛るか考えればいい。

花は花を生ける人が、どう生けるかを考えればいい。

盛りやすい器、生けやすい花器など、私はいらないと言った。

またある陶芸家には「ものすごく上手だけど、10年間作風が変わらない。来年の個展も同じような器が並ぶようであれば、私は個展に行かない」と言った。

また若手陶芸家との話の中で、安土桃山時代の作風を目指しているとか、北大路魯山人や岡部嶺男などに憧れているなどとよく聞く。

そんなとき私は「目指しているのも憧れているのもよくわかるが、目指しているうちと、憧れているうちは、決して彼らを超えることはない」と厳しくも言った。

安土桃山時代の作品も、北大路魯山人も、岡部嶺男も、人が作ったものに間違いはない、同じ陶芸家として超えようとする気持ちはないのかと、また歴史的な陶芸家たちはもうこの世にはいないので、これから作る作品はあくまでもすべてのものが参考にできる、後出しじゃんけんのようなものだ。

だから勝てるはずなのだ。

安土桃山時代のような土がない、時代背景が違う、できない人間はできない理由を並べようとする。

また若い陶芸家たちに、今の時代にしかできないことをやるべきではないのかと。

いつの時代もその時代背景の中、新しいものを生み出そうと誰もが考えていたはずだと。

100年前にいた陶芸家や、300年前に存在した陶芸家たちが、うらやましくなるような時代を作り上げていかなければ、今を生きている意味がないとも言って、彼らに大きな刺激を与えた。

そこからの若手陶芸家たちは、私の投げかけた言葉に対して、個展ごとに作品を通して、答えを出してきた。

どれも今までとは違い、力強く、勢いもあり、中には吹っ切れたような楽しい作品や、悩みに悩んでやっと生み出したような新しいデザイン、今までに見たことのない想像力など、どれもが素晴らしい作品ばかりだった。

それから陶芸家同士も自ずと競い合い、個展ごとにレベルアップしていく姿を見ていると、うれしくなった。私は「まだまだ、もっともっと新しいなにかがあるんじゃないか」と、彼らの創作意欲をかき立てた。

安土桃山時代にも、魯山人世代にもなかった新しいものが、生まれようとしている瞬間だと感じた。

最近では人気作家さんの個展は、開店前から列が並ぶ光景も見られるようになった。

私の買い方は独特である。

個展開催日の初日に行くこともあるが、あえて終盤に行くことも多い。

私が気に入ったものだけ買えばいいのだが、私が買うよりも他の方に買っていただいたほうが、陶芸家のためになる。またそれを支えるギャラリーの収益にもなる。

私はあとで行き、気に入ったものを追加で注文をする。

この買い方が一番、誰のためにもなることだと思った。

そして、個展に出す器は、たくさん作った中から一番出来の良いものを5つか6つ並べる。

私の店は客数が満席で22名入るので、好みの器も改めて焼いてもらわなければいけない。

あるとき、若い陶芸家に私の店を狙って作っているものがあるのなら、最初から22個作ってくれればいいと、言ってみた。

次の個展で何十種類もの器、作品が並んだ。

その中で私が、「これと、これと、これと、これがいい」と言うと、「その4つだけ22個作ってあります」とその陶芸家は言った。私の好みなどはすでに見透かされていた。

彼らに投げかけたすべての言葉は、料理を作る私自身に投げかけた言葉でもあった。

私の料理は、誰にでも喜ばれるような無難なものになっていないのか、忙しいという理由の中、どこか同じものを繰り返し、次なる新しい料理を生み出しているのか、日本料理の伝統や文化にあぐらをかき、次の伝統と文化を作ろうとしているのか、私自身も今を生きる料理人として、この大きな壁をなんとか超えたいと、毎日もがき苦しんでいた。

器に料理を盛るということは、その器を作った陶芸家が描いた世界観を、料理を盛り込む料理人が征服するという世界だと、思っている。

彼らに与えた刺激は、私にとってもプレッシャーであり、大きなレベルアップをしなければならないと自分自身にも刺激を与えた。

❖私が描く陶芸界の未来❖

毎年毎年、何人もの若い陶芸家の個展に行き、彼らの無限の想像力と、果てしない可能性を目の当たりにして、この才能が活躍する場所が少ないということにむなしくもなり、怒りすらも覚える。

一番の原因は何回も言うが、日本の食生活が極端に洋食になりつつあることと、我々のように料理を職業とする者のほとんどが、フランス料理、イタリア料理、パティシエ、ソムリエというように、日本でありながら、日本のものを職業にしていないという現実にある。

調理師学校では西洋料理を専攻する生徒は8〜9割いるといい、日本料理を専攻する生徒は残りの1〜2割で、パティシエに関してはパティシエ志願者だけで、調理師学校ができるほどの人気ぶりで、和菓子をひもとく日本の若者はいないに等しいのだろう。

入学して1年目は、西洋料理、日本料理、中国料理を同じだけの授業数を学び、2年目から好きなものを専攻するシステムになっている。日本の調理師学校でありながら、北は北海道から南は九州、沖縄まで、日本料理（寿司、天ぷら、蕎麦、うどん、和菓子などを含む）を学ぶ環境になっていない。これを日本人の学校経営者、日本人の先生たちによって、行われているのが現状だ。料理人になりたいと思う若者たちが調理師学校に入ることにより、このシステムの中に組み込まれる。入学するとコックコートを渡され、西洋料理の素晴らしさを教えられる生徒たちは、当たり前であるが卒業後も西洋料理に進む。

西洋料理が日本中の大半を占めることによって、日本の和食器やお椀などで使う塗り物も必要とされなくなる。

日本建築でもなくなるため、畳もいらなければ、床の間もなくなる。のれんやすだれ、行《あん》灯《どん》も消えていく。

和包丁や着物、箸までもなくなっていく。

ワインとコーヒー、紅茶が増えることにより、日本酒と焼酎、煎茶は当たり前であるが、需要が少なくなる。

さらに、茶道の精神、華道の精神も消えてなくなっていく。

日本の進むべき道として、本当にこれで合っているのだろうか。

私は問いかけたい。

もし、日本の調理師学校のほとんどの生徒が、日本料理を専攻することになったら、どうなるだろうか。

卒業後は、日本料理店（寿司、天ぷら、蕎麦、うどん、和菓子などを含む）に就職をする。

日本料理をやる若者たちが増えていけば、自ずと業界のレベルは上がる。

そしていずれ、独立をしていくと、日本中に日本食の店がたくさん増える。

競い合い、高め合い、お客さまも取り合う中で、国内だけでは収まらず、海外に出て本物の日本料理を発信していく者も増えるだろう。

そうすると、建築デザイナーも日本人が海外に渡り、建築資材や、日本の伝統的な様式すべても海外に渡る。

たくさんの和食器と塗り物が必要になり、和包丁、着物、箸、日本酒、焼酎、煎茶、その他もろもろ、書き切れないほどの、日本の伝統文化、産業が一気に海外での大きな需要が膨らむ。

アジア圏では香港、台湾、上海、ソウル、シンガポール、バンコクなど、ヨーロッパではパリ、ロンドン、ミラノ、ローマ、マドリッド、バルセロナ、アメリカ圏ではニューヨーク、ボストン、ロサンゼルス、サンフランシスコ、ラスベガス、カナダ、バンクーバー、トロント、オーストラリア、シドニー、メルボルンなど、海外主要都市を挙げただけでも、数え切れないほどある。

このようなところに、たくさんの日本料理店が出店していけば、今先細りして、消えてなくなろうとしている日本の伝統文化、産業が息を吹き返して開花する。

建築家は、日本建築を作るために、世界中を飛び回り、陶芸家や塗師《ぬし》、包丁を打つ鍛冶師は海外からの注文が殺到し、日本酒、焼酎、日本茶も生産量が大きく増え、やがて地域の地場産業に至るまで、大きな収益を得る。それを見た次の世代の若者たちも、世界中から認められている日本の伝統文化、産業に憧れを抱き、誇りを持って受け継がれていくものになるだろう。

今現在、世界中から日本料理と日本の食文化は求められているのに、日本国内は西洋料理と西洋の食文化ばかりに興味を持ち、全くと言っていいほど、発信ができていないこの現状に、日本人としてどう思うのか。

日本の食に関わる人たちが、私の考えに賛同していただければ、先細りして消えてなくなろうとしている、日本料理と日本の伝統文化、産業が、世界中に大きな可能性と発展性を持ち、また儲かるビジネスに変わる。

これが、日本の国益を上げるということではないのか。

この課題を考える最後の時期に、今直面している。

私は今からの20年の人生をかけて、この状況を逆転したいと思っている。

第10話

経営

店主として。

◈経営者失格◈

料理人であるのと同時に、私は銀座小十の経営者である。

料理人としては料理のことだけを考えていたいが、経営者としては当然ながら商売としていかに成り立たせるかを考えなくてはならない。

小さな飲食店のほとんどは経営者と料理長の2つを同時に行わなければならない。しかし、この2つが相反する性質を持ったもので、どこの店の経営者も頭の痛い思いをしているはずだ。

まず料理長はおいしい料理を出すために、いい食材、いい器、いい室礼、いい調理器具など、少しでも料理がおいしくなる可能性があるのであれば、追求するのが料理の世界だ。

しかし、ここには大きなコストがかかる。イコール経営的には利益を生みにくくなる。

また経営者は一円でも利益が出ることを考えて店作りをするのが、当たり前の思考である。

同じ食材であるのなら、少しでも安く仕入れられるところはないかと考え、器や調理器具はもちろん、サランラップやトイレットペーパー、食器用洗剤などの日用の細かい経費まで、気を配らなければ小さな飲食店の利益など出ない。

お客さまからたくさんの料金をいただければ、こんなに楽なことはないが、飲食店におけるコストパフォーマンスは一番重要だと言っていいだろう。

私はというと、経営者としてのセンスは全くない。

わかりやすく言うと、ザルと丼だ。

二十数年の飲食店経営の中で、食材原価率が50％を超えることもよくある話で、一年の中で赤字を出すこともぼちぼちとある。

器に関しても、器屋さんから「もう買わなくてもいいんじゃないか」と呆れられるほど、欲しいと思うものは、片っ端から買っている。

商売の調子の良いときは、やっとこれで少しはお金が貯まるかなと思った途端に、たくさんの税金が襲ってきて、涙が出る。

予定では、50歳を迎えたときに、銀行から借り入れていたすべての借金が終わる計画になっていたが、なぜかコロナがやってきた。

今までの借り入れよりも、相当大きな借金を抱えて、にっちもさっちもいかない中、今日までとりあえず商売ができているのが奇跡に近い現状だ。

基本的に経営者として利益を上げることよりも、お客さまに喜んでいただきたいという気持ちのほうが強く、ついついやり過ぎてしまうところが多い。

これは生まれ持った性格なので、なかなか修正が効かない。

ただ、お客さまの笑顔が次のご来店につながると固く信じ、今まで商売をしてきた。全く数字ではなく、感覚だけでなんとか今までやってきたのが事実だ。

カウンターに来るお客さまの中には、会社やビジネスで成功され、何億、何十億と資産のある方も多いのだろうが、人は人、自分は自分といつも思っている。

そもそも生ビール一杯から何百円の利益を出すところから始まる飲食店経営なんかは、儲かるビジネスではないと悟っている。

◇◇お金がなくて、学ぶこと◇◇

そもそも私は、お金に全く縁がない。

18歳で割烹旅館に住み込みで入り、給料5万円からスタートした。

小遣い稼ぎのパチンコで食いつないでいたときもあった。

一年に一度いただく、10万円のボーナスは、中央競馬の有馬記念で「間違いない」と言われた馬にすべてつぎ込み、私の馬は2着、3着ではかなく年末の夢は去っていった。

ちなみに1着の馬は、補欠出場でギリギリ出馬が決まり、有馬記念をレコードタイムで駆け抜けるという、私にとっては忘れることのできない悪夢のレースだった。

それを機に、賭け事のすべてをやめ、少ない給料の中、地道にコツコツ働いた。

私はお金に縁がないことを、身に染みて感じた出来事だった。お金のない若いころは、お金について考えることがよくあった。

なぜ人はお金があると喜び、ないと悲しむのか。

お金があると人は、思うことが自由にでき、未来に対しての余裕が生まれるのは間違いないだろう。

お金のない人は、思い通りのことができず、未来に対しても不安な要素が多いのだろう。

また、こんなことも考えた。

例えば1万円持っている人と10万円持っている人がいて、2人とも買い物で9900円使ったとする。1万円持っていた人の残金は100円で、10万円の人の残金は90100円。

残金に差があったとしても、そこに大きな違いはあるのか？　どちらも同じものを買えたわけで、同じものを手にしている。

確かに10万円持っている人のほうが余裕があって、いろいろな選択肢の中から9900円のものを選べる。でも、1万円の人だって結局はお金が足りているのだから、不安に思う必要は、本当はないのだ。

お金を持っている人は心にも余裕があり、お金を持っていない人は心に余裕がなくなる。

これが一般的な感情だろう。

ということは、お金がなくても心に余裕があれば、そんなに人生は不幸ではない。

私は若いころ、10年間で何軒かの店に勤めさせていただいた。時代は違うが10万円以上の給料をもらった記憶がない。もちろん、料理を教わっているので、お金をいただけるだけでもありがたいと思っていたが、お金がないなりにいろいろなことを考えに考え、生活をしていた。考えに考え抜いた答えの中に学びがたくさんあった。もし、お金に余裕があったら考えることすら、しなかったのだろう。

お金ってなんなのか。それをずっと突き詰めてみると、人の欲望を試させるだけのものだと私には思える。

だから、お金のあるないにあまり感情を動かさず、お金は使ってもお金に使われるような、人生は歩みたくないと、心に誓った。

◈一生の間に入ってくるお金と、出ていくお金は決まっている◈

二十数年、飲食店経営をしていると当たり前のように、忙しい日もあれば、暇な日もある。

なんでこんなにお客さまが来るのかと思う日もあれば、なんでお客さまが来ないのかと思う日もある。

商売とはそういうものであり、賭け事にもよく似ている。

長い目で振り返ってみると、目の前のお客さまとの一対一とのやりとりとは別に、歴史的な出来事などもたくさん起こっていて、その一つ一つに経営は左右された。

東日本大震災やリーマンショック、コロナウイルスなど、大きな出来事などは小さな飲食店ではどうにもならず時代の波に飲まれるしかない。また、毎日の株価の上げ下げだけでも、影響はあるのだろう。

他にも、ミシュランガイドが日本を評価するようになったことや、結果的に無観客開催になった東京２０２０オリンピックの開催、海外のお客さまを呼び込む多数のイベント……。これらさまざまな出来事は、自分では予測などできず、思い通りになることなどなに一つない。

また、うちの店も含め小さな飲食店は、なにかあるたびにお客さまが増えた減ったという単純なこと以外にも、食材費の高騰や、従業員の入れ替わり、設備の導入やメンテナンスなど、当たり前だがすべてにおいてお金が動くので、良くも悪くも影響を受けてしまう。

こんな毎日を送っていると、すべてにお金という利益を求めても、到底無理なことであり、また、必要なことがあれば、お金は勝手に減っていく。

よって、お金は自分でコントロールできるものだと思っていたが、実はできないもののであると認識できた。

思いもよらない大きな出来事や、思い通りにならない日常やお金の流れなどに、頭を抱えていたときにふと思うものがあった。

〈お金は一生の間に入る額と出る額は決まっているのではないか？〉

こう考えるとすべてのことに、納得ができる。

商売をしていると、自分の意図とは別に気が付くと、勝手にお金が増えているときもあれば、また出るときも思いもよらず出ていく。出ていくお金を追いかけても、戻ってくることはない。

本人が気付いていないだけで、お金の神さまにいつも試されているような気がする。

もし、入ってくるお金と、出ていくお金が決まっているのであれば、そもそもあまり悩む必要もない。

お金のことを考えるよりも、お金の神さまに好かれるほうが重要だ。

お金の神さまに好かれるには、真面目にコツコツ働くしかない。

ちなみに、私の店は1月1日の元日より、営業を始めている。

もちろん、正月の休みは別に設け、私以外の従業員は今のご時世、年間を通してきちんとした休日は取っているのだが、まず元日から商売の神さまに降りてきていただきたい。この思いが一番強い。そして、神の使いであるお客さまが私と私の店の日常を自ずと見ているのだろうと、思っている。

飲食店経営者のほとんどは、口には出さずとも、いつも不安の中にあり、お客さまに来ていただくことが、一番の安心につながる。

私のようなタイプは、休んでいるよりも働いているほうが気持ちが楽なのである。

経営者としては、数字一つも追えず、ザルと丼で失格だと思っている。

二十数年の商売の中、お金のない恐ろしさは誰よりもわかっているつもりでいる。

飲食店とは、どんなに有名で、どんなにおいしい料理を作る料理人がいても、店を開けなければ一円にもならない商売である。ただただ毎日、料理とお客さまに真摯に向き合い、体と神経を使い、汗をかいた分でしか収益にはならず、地道に営業し続けること以外に小さな飲食店の未来はないと思う。

理想の経営など私の中にはなにもなく、常に脇を締め、襟を正し、足元をすくわれないようにすることしか長く続く道はないと思っている。

第11話

神さま

人生に偶然はない。導かれて今がある　私の神さま

◇◇直面する出来事の意味を考えて成長する◇◇

私は無宗教だ。しかし、神さまはいると思っている。

特定の宗教の神さまを信じているわけではないが、私には私の神さまがいるのだ。そして、神さまの導きによって私は人生を歩んでいる。

人生に偶然はなく、すべて必然なのである。自分に起こることには神さまの意図がある。

では、どんな意図があったのか。なぜ、神さまは今の自分にその出来事を経験させるのか。

その答えを見つけるために人は思考を巡らせ、悟り、成長していくものだ。

そう考えれば、どんな困難も決して悪いことではなく、乗り越えて成長するための糧になる。

忘れてはいけないのは、人間は困難な状況の中でしか変化や進歩がないということ。苦労してこそ悟ることができ、また成長する。

飲食店は、人対人の仕事である。そこには問題も生まれるし、うまくいかないことのほうが多い。

だから、常に考えなくてはならない。「そもそもなぜこんなことが起きたのか」ということと、「具体的にどう対処するか」という2つを。

具体的な対処法は、ケースによってさまざまだが、「そもそもなぜ?」というのは、人生が関わってくる問題。神さまが、私にこの問題を解かせようとして与えてくれたことだということを忘れてはいけない。

だから必死に解くのだが、一つ解けば次にもっと難しい問題が出てくる。それをまた解けば、また難しい問題が……。人生は、この繰り返しでしかない。

学生時代の勉強を思い出してみると、問題を解けば解くほど能力は高まっていき、難しい問題も解けるようになっていくもの。同様に神さまからの問題を繰り返し解くことで、私も成長させていただいたのだと思っている。

つまり、これまでの料理人人生では本当にさまざまな出来事に見舞われてきて、乗り越えながらここまできたということだ。

特に、パリに出店してからの10年で、文化の違いなど多くの困難にぶつかったおかげで「鉄のハート」を手に入れることができたと思っている。

パリで接する人々は国も文化も言葉も違うけれど、みんな同じ人間だ。いいことも悪いことも、起こすのは同じ人間なのであれば、別にどうということはない。なにが起きても自分はじたばたしないし、この先もどこの国でも日本料理店をやれる。

この鉄のハートは、私が一番欲しかったもので神さまからの大きなプレゼントである。

◈コロナ禍で感じたこと◈

2020（令和2）年、世界はコロナ禍で苦しんだ。

確かに飲食店は苦境に立たされた。でも、自分が銀座に店を構えてから20年という今のタイミングでコロナ禍に苦しめられていることにも、必ず意味があるのだ。独立してまだ数年しか経っていない店とでは、全く意味が違うのだろう。

経験を重ねていた私は、世の中はこれで終わらないし、私もこんなことでは終わらないとわかっていた。全く根拠はなかったが、そう感じたのだ。

人生の中で「感じる」ということは極めて大事なことなのである。

世界中が混乱していた時期に、それほど動じることがなかったのは鉄のハートのおかげである。

コロナ禍では改めて人間の愚かさを実感した。

世界各国、文化、価値観、常識も違い、とりあえず予防安全のために一斉にマスクを着け始めた日本も含めたアジア諸国と、そもそもマスクを着ける習慣などないアメリカ、ヨーロッパ。行き過ぎた日本ではマスクをしていないと、白い目で見られ、マスク警察も現れるほどだった。

首都圏ナンバーの車は地方に行くとお断りされ、中には傷つけられた車もあったそうだ。身内の葬式にも出られず、居たたまれない思いをした方も多かった。

飲食業界も午後8時、9時までの時短営業の要請や、お酒を提供してはいけないという要請まであり、国の政策もその場その場で右往左往するものだった。

目に見えないウイルスとの闘いは各国の政治家はもとより、この世に生きるすべての人々に対し見えない不安を与え、一人一人の価値観や常識を試しているようだった。

私自身は多くの従業員を抱えていたので、まず彼らの生活の不安を取り除くため、給料や仕事の保障などを第一優先にした。たくさんの借り入れはしたが、なぜか不安はなかった。

33歳で東京銀座に小さな店を開き、何カ月もお客さまが来なかったことや、パリ店、ニューヨーク店など全く計画通りに進まず、明日の見通しさえもつかない毎日を送ってきたことを思えば、私にとってコロナのほうが落ち着いて世の中を見ることができた。

欧米から1年以上遅れたものの、日本も2022（令和4）年11月やっと海外からの観光客を受け入れ、鎖国を解いて経済活動に踏み切った。

それと同時に、日本に観光に来たかった外国人観光客が一斉に押し寄せ、コロナ以前の賑わいに戻りつつあった。

飲食店も含め、ホテルの宿泊、観光業界などは2、3カ月の間、過去最高の売り上げを出したところも多かったようだ。

私が願っていたような世の中が少しずつ始まり、コロナ禍で大変だった分だけ、逆に忙しくなっていった。

神さまはいったい、コロナ禍でなにを教えたかったのだろうか。

私にとっては、人は愚かだということ以外は、あまり教わることのなかった不思議な出来事だった。

❖気付きを与えてくれた易者さん❖

人生はすべて偶然ではなく必然であるということを、私は比較的若いうちに悟ることができた。しかし、昔からそういう考えでいたわけではない。私をそこへ導くことになったきっかけは、ほんの軽い気持ちから起こした行動だった。

徳島にいたころ、街にいる易者さんに、なんの気なしに見てもらうことにした。そのときに言われたことを、初めは信じなかったのだが、数カ月後に「まさにその通り！」だったことがわかったのである。

それは「受け取り方によっては当たっている」というレベルではなく、本当にピタリと言い当てられたことだった。

驚いた私は、それ以来度々その易者さんのところに足を運ぶようになり、いろいろな質問を投げかけた。そのすべてが腑に落ちて不思議なくらい理解ができた。

まるで未来も過去もすべてわかる人に出会ったような気になった。

地元静岡に戻ってからも、自分で商売を始めたばかりで不安が多く、その不安を易者さんにぶつけてみると、「なるほどな」という言葉を必ずくれる。

例えば、雇った従業員とどうもウマが合わないときには、こう言ってくれた。

「その子はあなたにとっても本人にとっても必要だから来ているんです。だから、縁を切ってはいけません。もしお互いに必要がなくなったら、そのときは自然と離れていきますから」

それを聞いてから私は、私の店に入りたいと来てくれた人には、ほとんど入ってもらうことにしている。20年以上それを続けてきて、「必要だから縁がある」というのは本当だと実感することができた。その他にも、飲食店経営はいいときもあれば悪いときもあり、ほとんどが自分の思い通りにはいかないことが多く、そのたびに、なぜ今こうなっているのかの答えを求めていた。

その易者さんからたくさんのことを教わり、過去と未来のさまざまな出来事を学ぶことができた。しかし、あるときから「これではいけない」という気持ちも芽生えたのである。

不安な気持ちに答えをもらえるのはありがたいが、答えは自分で見つけなければならないんじゃないか？　なぜこのようなことが起こり、神さまは私になにを教えようとしているのか。この答えを自分自身で見つけ出さなければ、自分の成長はない。

それから、易者さんに頼るよりも自ら答えを見つけようという姿勢に変わった。

この易者さんは私に、神さまについて考える礎を築いてくれた方である。そのおかげで、自分の中にいる神さまと直接話ができるようになった。

❖スピリチュアルな不思議な世界❖

不思議なことに、このあとにも何度かスピリチュアルな方々との出会いがあった。自分から探したり訪ねたりすることはなく、いつもご縁がつながって出会う。

ある風水師さんとの出会いもまた不思議なものだった。私の妻が街を歩いていたら、知らない女性から引き止められ、「あなたの周りが白く光り輝いています。今ここを歩いている人の中でも大きく目立っていたので、声をかけました。仏眼相《ぶつがんそう》もあり、今まで不思議な力に助けられてきたと思います」と言われた。その女性は「私の先生に見てもらったほうがいい」と言い、連絡先を渡された。

よくある宗教勧誘の気がするが、話を聞いた私は興味があり、「一度行って、見てもらったらどうか」となぜか勧めた。私の妻は、私からいつも不思議な話を聞いていたので、あまり驚くこともなく、一度お会いすることになった。

お会いすると、なぜか私の話が中心になり、ご主人に一度お会いしたいと言うので、私もお会いすることになった。その方が風水の偉い先生だった。

私は徳島の易者さんからいろいろなことを教わっていたので、話も合い、よくそこまでご存じですねと褒められた。

ちょうど銀座で小さな店を開店したばかりで、1人目の長女が生まれたばかりであった。その先生がおっしゃるには、一番大事なのは夫婦であり、夫婦が仲良く幸せであれば、家族もうまくいく。そして仕事も自然とうまくいく。これは徳島の易者さんからも聞いていたことなので、共感することが多く、私自身がずっと強く意識していたことでもあった。

順番としては、まず仕事がうまくいくと、家族もうまくいき、最後に夫婦も仲良くなれると思われがちだが、実は逆である。一番は夫婦だ。また先生は1人目の子どもが生まれたばかりの私たちに、子どもは4人が望ましいと事あるごとに、言っていた。

理由は4人いると、柱が4つになり、末代までその家系は崩れないという。

また、方角も東西南北と4つに分かれており、一年も春夏秋冬と4つの季節が巡る。

家族はたくさんいたほうが、運気がいい人悪い人など、一年を通して良いも悪いも上手に調和できる。理解はできることだが、現実的ではない中、2人目の次女が生まれた。不思議な感情の中、2人目が生まれた私たち夫婦に対して先生は、子どもは4人いると一番いいとまた言い出した。

2年後に3人目がなぜか宿ることになった。

そのとき先生が、「この子が男の子だったら、あなたの人生を大きく変えるような出来事が起こりますよ」と言ってきた。

私はなにを意味するかわからなかったが、その年の11月19日に日本に初上陸したミシュランガイド東京版で三つ星を獲得した。

そして2カ月後の翌年、1月15日に長男が生まれた。

その後の忙しさは語るまでもない。

またそのとき、先生が子どもは4人が一番いいと、言い続けた。

そもそも3人の子どもに恵まれたことも、嘘のような出来事であったが、3年後、4人目を授かることになった。

私たち夫婦はなにが起こっているのか全く理解ができなかったが、NHKのドキュメンタリー番組『ふたり』という番組の撮影の最中に、4人目の三女が生まれた。

名前は妻がことみと名付けて、私が寿が実ると字をあてた。

子ども4人目にして、最高の画数だと、徳島の易者さんに100点をいただいた。

その後、この『ふたり』という番組を見たというたくさんの方が、国内はもとより、海外からも店に足を運んでくださった。

先生からは、「本当に4人できましたね」と驚かれた。

長女は9月4日生まれの秋。

次女は6月14日生まれの夏。

長男は1月15日生まれの冬。

三女は4月20日生まれの春。

先生に言われた通りのよくできた話である。

子どもができると同時に、不思議なことに仕事が増えていった。

パリ店ニューヨーク店も開店し、寿司と和食だけの調理師学校の開校に伴い、教育顧問も務めるようになった。

私の能力、実力よりも、子どもたちからたくさんの気をもらっている毎日を今でも感じている。

これも神さまに導かれている気がする。

◇神さまが私にさせたいこと◇

その後も何人かの神の使いと言うべき人たちが、私の前に現れた。

目に見えない不思議な世界は神秘的で、興味のある話であり、今までの特殊な体験上、ほとんどのことが理解できるものだった。

時には話が弾み、スピリチュアルな世界にスカウトされたことも、少なくなかった。

私自身も一から勉強すれば、できるような気がしていた。

ただ、人生は一度きりである。

神さまが私にさせたかったことは、易者でも風水師でも気功師でもないような気がした。

私の店のカウンターには、銀座という場所柄、毎日会社経営している社長さんや、大きな会社の取締役の方々など、各分野で日本を動かしているお客さまがたくさん来てくださっている。

そんな方々に料理を通じて、パワーやエネルギーを提供することが私の大事な仕事である。料理はその素材自体から生まれるパワーやエネルギーと、作る料理人の情熱や愛情という大きな気を吹き込み、完成されるものである。

また、料理、食材、気候、自然、文化、歴史、そしてこの国の素晴らしさなどを、話すことにより、お客さまが来たときよりも、パワーアップしてくださることが、私の大事な役目である。

そして、お客さまの仕事や会社の成功はもとより、この国の成長と発展、なによりも世界の平和のために、力を注いでいただきたいと願っております。

第12話

50歳を迎えて

50歳で考える

◇なにかを変える◇

私は1969（昭和44）年に生まれ、54歳になった。

4年前、50歳を迎えたことにより、いろいろなことを考えた。

あと、何年料理ができるのだろうか。

あと、何年商売ができるのだろうか。

できれば死ぬまで商売をして、日本料理と向き合いたいと思っている。

死に場所は迷惑をかけるかもしれないが、調理場であることが、最高の死に方だと思っている。

あまり長生きや長寿に魅力は感じず、太く短い人生でいいといつも思っている。

人間は何歳まで生きたかというよりは、生きているときになにをやったかのほうが大事だ。

ただ、私が知らないだけで運命は決まっている。

よって、死ぬ日も決まっているのだと思って、いつも生きている。

現実的な話になると、近年の日本人男性の平均寿命は81歳で、一般企業に勤めている人は、昔は60歳で定年退職を迎えたが、今は65歳、70歳くらいまで現役で働いている方も多い。

私自身も50歳ちょうどのときは気が付かなかったが、54歳になると、40代のときとは体力も能力も違い、毎日20代の若者たちと一緒に働いてはいるが、同じようには動けない。

ただ、40代を振り返ってみると、考え方も体力的にもまだ若かったのだと思うときが多い。

私は何歳まで働けるのだろうか。

会社勤めなど多くの方々と同じように、70歳まで、頑張って75歳まで、本当に体力と能力はついてこられるのだろうか。

70歳、75歳まで働けるのであれば、残り調理場に立てるのは、20年、もしくは25年しかない。

10年が早いのと一緒で、20年もあっという間に終わるのではないかと思う。

そして、料理をしていて、一番良いときはいつなのだろうか。

まさしく50代の今ではないかと感じている。

40代の体力はないが、40代までのさまざまな経験をもとに、50代で一番料理を楽しまなければ、仕事を引退したときに後悔が残るのではないかと、強く思った。

60代、70代はなってみないとわからない。あまりにも未知の世界だ。

50歳で今までの商売と料理を振り返ってみた。

33歳で銀座8丁目に、カウンター6席、小さな部屋が2つ、最高でも14人のお客さましか入らないわずか20坪足らずの小さな店を構えた。

33歳の自分には資金や能力も含めて、精いっぱいの事業だった。

開店当初はほとんどお客さまがいらっしゃらなかったが、たまたま出た雑誌の紹介記事をきっかけに、少しずつお客さまも増え、4年後にはミシュランガイドで三つ星をいただき、大きく局面も変わった。

話題だけでお客さまが押すな押すなと来てくださるときもあったが、狭い調理場だったため、料理を作るにもたくさんの限界があった。当時は私なりにおいしいと思う料理を出すのが、精いっぱいだった。

移転を機に、客席も含め広くなり、なによりも戦える調理場を作り、料理の可能性は広がっていった。

その後、パリ店、ニューヨーク店、寿司と和食だけの調理師学校の開校のお手伝いもさせていただき、忙しくも充実した毎日だった。

そんな中、気が付くと料理も、パターン化し始めるものも多くなり、このまま少しずつの変化と進歩の中、同じような路線で進めていくのか、それとも……。

日本の美学の中には、同じことを生涯やり続けると、美化され褒められることが多い。

私自身も、たくさん共感できることである。

ただ、もの作りの最後に、これしかできなかったんですかと問われたときに、どう答えるのか。

「私はこれしかできなかった」

「私はこれが好きだった」

「私はこれがベストだと思っている」

そんな答えが返ってくれれば、その人の人生は一生それを作り続けることに、使命や運命があったのではないかと思う。

しかし、同じ問いかけに対し、

「本当は違うものも作りたかった」

「もっといろいろなことをやってみたかった」

「もっとこうすれば良くなるんじゃないかと思っていた」

こんな答えが返ってくるのであれば、さっさと実行することが後悔の残らない幸せな人生ではないのか。

私はこの問答に対して、後者の答えを出すような気がした。

それであれば、今までやっていたことをやめて、50歳を機会にもう一度、自分の新しい料理を生み出そうと、決意を固めた。

これにより、苦しくとも楽しい20年、25年の料理人人生を送れるのではないかと、ワクワク、ドキドキしてきた。

◇守破離の精神◇

私の料理は伝統的、古典的な日本料理をベースに、私なりの新しさを加えて仕立てている。そう勝手に思っている。

食材も雲丹《うに》や鮑《あわび》などは夏のものと捉え、9月くらいまでは使うが、秋や冬、春先などに使うことはなかった。

鱧などはお椀に一番向いている食材と捉え、6月から9月の間に2回はお椀の料理で使っていた。

また、最後のお食事は炊き込みご飯をお出しすることが多く、バリエーションは豊富ではあったが、最後に炊き込みご飯を出すことが、一つの定義になっていた。

こういったことのすべてを、もう一度検証し、時には否定をし、最終的に全部やらないと、禁じ手にした。

お客さまの中には夏になると、鱧のお椀を期待していた方がいたり、最後の炊き込みご飯を楽しみに来店される方も多く、残ったご飯をお土産にし、次の日の朝食にしているといった話を聞いていたが、一切やめることにした。

たくさんのリスクはあったが、なにかを大きく変えるときには、大きなリスクは付き物だと自分に言い聞かせた。

その代わり、なにか新しいものを生み出し、たくさんのリターンを得る勝負に出た。

東京である程度の名の通った店であれば、豊洲市場の仕入れ先もほとんど同じで、よその店の注文を見ても、ほとんど同じような食材を求めている。

日本料理である以上、ある程度は旬の魚は一緒であり、仕方のないことだが、夏に鱧と真子鰈《まこがれい》を仕入れていれば、お椀は鱧、お造りは真子鰈、ということに想像がつく。

私も万が一、旬の魚だからといって、同じものを仕入れて同じような料理を出していたら、私という料理人の存在価値はなくなると考えた。

お客さまも銀座で食事をするような方々は、ほぼほぼ毎日仕事の接待、会食も含め、外食をしている。

一週間のうちに1日か2日は日本料理、または寿司、中華料理が入り、ワインを飲みたいときはフレンチレストランに行くのだろう。

ということは、一カ月のうちに4回から8回は日本料理店に行くことになる。

その中で何回の鱧のお椀と、真子鰈のお造りに出会うのだろう。

この中に、私の店が入っていたかと思うと、気が狂いそうになり、二度と入りたくないと思った。

なにか違うものを作り、お客さまに違う感動を与えることはできないかと、死ぬ気で考え続けた。

とにかく今までやってきたことは、全部捨てる覚悟だった。

安土桃山時代の茶人、千利休さんの言葉に「守破離」という言葉がある。

守破離の言葉の意味には、いろいろな解釈があるが、「守」とは、師匠の教えを守り忠実に再現してみること、「破」とは、師匠から教わった基礎の上に自分なりの改良を加えること、「離」とは、師匠の教えから離れ、独自の方法を編み出すこと。

料理人人生32年で50歳を迎え、私は「破」から「離」に向かおうとしている。

それも、2020~バージョンに仕立てなければならない。

❖キーワードはかっこいい❖

日本料理業界が近年、低迷期を迎えているのであれば、古臭い、わかりづらいなどが原因の一つになっているのではないか。

逆に西洋料理がこれだけ人気があるのは、日本人を含めアジア人にとって華やかで、かっこ良く見えるからではないか。

日本料理は何千年も続く伝統と文化の中に柱があり、三十数年この仕事に携わる私にとっても、まだまだ知らない奥深い世界はたくさんあるのだが、伝統と文化だけにあぐらをかいていなかっただろうか。目まぐるしく変化の速い時代の中で、日本料理は〝今〟を捉えているのであろうか。いろいろと考えることがあった。

一つのキーワードは、「かっこいい」だと思った。

すべてのもの作りは、かっこ良くなければ興味を引かないのではないかと考えた。

西洋の料理はわかりやすく、これに当てはまる。

日本料理はフェラーリ、カウンタック、ルイヴィトンやアルマーニにはなれないのか。

そんなことも考えた。

ただかっこいいにもいろいろある。

千利休さんの2畳の茶室も、1輪の掛け花も、釉薬を塗らない焼き締めの備前焼や信楽焼も、鯛3枚のお造りも、小肌の握りも、海老の天ぷらも、ざる蕎麦も、作り手の思いが

こもった凛とした かっこ良さがある。

ただ、今までのスタイルとは違うかっこ良さも見つけなくては、次の新しい時代を築けない。

そんな難しい課題にも挑戦しようと思った。

自分がかっこいいと思うものはなにかと、追求した。

時には百貨店に行き、ブランドショップのスーツやジャケット、バッグや靴などを見て、各ブランドはなにをもってかっこ良さを表現しているのか観察した。

5万円の靴と10万円の靴は素材だけではなく、デザインの違いなど、私自身がなにをもって価値を見出せるかを考えた。

またあるときは、スポーツ用品店などに行き、新作のデザインと3年前の商品が30％offになっている違いも考えたりした。

少なくとも、3年前は新作として輝いたものが、3年経つと古く見える原因はどこにあったのだろうと、また新しいデザインは、なぜ新しく見えるのだろうか。

時計の世界も、長く定番で愛されているものと、新しいブランド、新しいデザインで今を捉えているものと、またそう感じさせるものはどこからくるのだろうか。

見て回ったものは、私の日常には全く必要性もなく、購入するものではないが、多くの人の憧れや購買意欲をかき立てるなにかは、新しいデザインを発信し続ける各ブランドの意地とプライドからくるものではないのかと思った。

高額な食事を楽しむということも、どこかこの要素に当てはまることはないのかと考えた。

◇新しい日本料理を生み出す◇

残りの料理人人生、なにか新しい日本料理はないのかと探したくなった。

新しいなにかを見出すために、たくさんの禁じ手を作った。

まず、今までやってきた料理を作らない、他の料理人と同じ料理はしない、今まで使ってきた器は使わない、情報に惑わされない、また2022(令和4)年の1年間は、刺身で山葵と醤油を付けないなど、すべてがすべて、できたわけではないが、自分は自分、人は人と強く念じ、オリジナリティだけを追求する旅に出た。

時には、何十年も前の料理書や雑誌も引っ張り出し、なにか一つでも参考になるものはないかと、数十冊の本に埋もれて息苦しくなったときもあった。

なんの資料も見ず、頭を抱え、将棋の駒を進めるように、持っている引き出しを全部開け、あーでもない、こうでもないと、頭の中で料理を組み立てることもあった。

私の店の献立は、先付から最後の食事、デザートまでで10品、もしくは11品で構成されることが多い。

献立作りはドラマや映画作りにも似て、最初の付き出しから最後のデザートまでに、起承転結、山あり谷ありと物語を作っていく。

素材勝負の料理もあれば、意外性や素朴なもの、行事や節句に連動しているもの、料理と器のデザイン性など、今までにない〝キラッと光る今〟を映し出しているかを、探究する。

奇抜なものだけを作れば、新しく見えるのかもしれないが、答えは全くそうではない。

また、10品の料理を考えるのに、偶然ひらめいた10品と、10品の中から選ばれた1品の料理と、100品の中から選ばれた1品の料理では、万が一できた献立の料理が同じであっても、100品の中から練りに練って選んだ1品のほうが、揺るぎない説得力がある。

ということは、常に99のゴミを出し続けることになる。

新しい料理が生まれるときは、いつも不思議な傾向にある。もうダメだ、もう無理だ、もうどうしようもないと、考えに考え、悩みに悩み、苦しみに苦しんだうえに、ぽこっと卵が生まれるような、料理の神さまからいただくようなものだ。

逆に、卵が生まれないときは、考えが甘く、もっともっといろいろなことを考えろと、料理の神さまから試されているような気がする。ただ、料理を考えるときに一番大事なことは苦しさからではなく、楽しさから生み出さなければならないということだ。これが一番難しい。

苦しみから生み出した料理は、すごい料理でも息が詰まって喉を通らない。楽しみから生み出した料理は、食べるとＨＡＰＰＹになり、心も豊かになる。しかし、どの業界もプロと呼ばれる仕事は、そんなに楽しいものなのだろうか。

素直に楽しいと思えるのはアマチュアと趣味の世界で、プロの世界は極めれば極めるほど、自分の限界を常に超え続けなければいけない、研ぎ澄まされた状況に入り込み、その中でも自分がプロとして生き続けるには、なにが必要であるかを、問い続けなければいけない厳しい環境にある。そんな毎日を楽しいと思える変人だけが、プロとして生き残れるのだと思う。

ただ、切羽詰まった状況の中からも、料理を考える楽しさ、料理を作る楽しさ、料理を食べる楽しさを見つけ出さなければいけない。なぜなら、お客さまは楽しくおいしい料理を求めているからだ。そういった問答の中、頭から血が出そうな毎日を送っている。

私の店にはありがたいことに、２００３（平成15）年開店当初から毎月一度、お見えになってくださるお客さまが数十組いらっしゃる。一年で12回、10年で１２０回、20年を迎えて２４０回近く、来店してくださっている。20年の間、移転も含めさまざまな銀座小十という店のあり方、料理の変化や進歩、料理人奥田透という人間の成長（？）など、銀座小十という店をいろいろな角度から見ていただいている。50歳からの私の変化はお客さまにとっても、新鮮なものと受け止めてくださり、毎月毎月が楽しみだと言っていただけるように、なってきた。

これからの私の料理に対する挑戦は、わずかな変化と進歩でしかないが、何千年も続く日本料理界の中での小さな石ころのような一石でも投じることができればと、もがき苦しみ、また楽しんでいる。

おわりに

2020（令和2）年3月から続いたコロナ禍がようやく終わりを迎え、我々飲食店も以前の日常を取り戻そうとしている中、お付き合いのある出版社からお話をいただき、この本を出版する運びになりました。

インタビューを受けている初期段階で、タイトルに〝狂気〟という言葉が入り、私の中にある数少ない狂気を絞り出し？いや、有り余る狂気を文章にしてみました（笑）。

「銀座小十」の20年間を振り返るいい機会にもなりました。

前半は素材や料理、若い料理人に向き合う「狂気」？

後半は現代の日本料理や、日本の食文化が抱えている問題について、私の魂の叫びを文字にしました。

振り返ると、私を狂気にまでさせ、私の魂が叫ぶ源は、日本料理と日本の食文化に対する情熱と愛情から来るものだと改めて感じました。

本文にも書きましたが、日本料理と日本文化が抱える問題は、あまりにもたくさんあります。

しかし、この問題を解決する答えは簡単です。

日本の調理師学校が、日本料理（寿司、天ぷら、蕎麦、うどん、和菓子などを含む）の魅力を教え、伝え、未来ある若者たちが伝承し、日本料理の素晴らしさを世界中に広めることが、日本の素晴らしさを伝えることになります。

そして、家庭の食事、学校の給食など、日常の食事をもう一度和食に見直すべきです。

我が国が何千年もの歴史の中で培ってきた食文化は、この国に生きる人々にとって、体にも、心にも、とても大事な意味をなすものだと思います。

日本には、世界に誇れるこんなにも素晴らしい食文化がありながら、日本人自体が学ぶ機会もなく、西洋のものばかりを美化する傾向にあるこの状況を、もう一度考え直さなければいけない〝最後の時〟に直面しています。

日本から日本料理がなくなることは、日本がなくなることと同じことだと私は思っております。

テレビのグルメ番組も、料理の専門誌も含め、西洋料理ばかりになってしまった現状の中、私は、２０２４（令和６）年より、日本の食と伝統文化の素晴らしさにスポットライトを当てた雑誌を、発行する予定にしております。

日本人が食を通して、この国に生まれた喜びを感じていただければと、思っております。

私の残りの人生は、微力ではありますが、愛する日本料理と日本文化の発展のために、すべてを捧げたいと思っております。

この本の出版にあたりお世話になった、アネラジャパンさん、碇耕一さん、ライターの尾崎久美さんにお礼申し上げます。

そして、深夜遅くまで編集作業に付き合ってくれた寺田茉夕那さんにも、深く深くお礼を申し上げます。

最後に「銀座小十」の20年間を支えてくれた妻と子どもたち、そして同じ釜の飯を食ったすべての従業員に感謝いたします。

銀座小十　奥田透

◉著者紹介

奥田透（おくだ・とおる）

1969年、静岡県生まれ。静岡の割烹旅館『喜久屋』、京都の『鮎の宿つたや』などを経て、徳島の名店『青柳』で修業。1999年、29歳にして故郷・静岡で『春夏秋冬花見小路』をオープン。2003年に東京・銀座に『銀座小十』をオープン。その後、『銀座奥田』をオープン。2013年9月にはパリに『OKUDA』をオープン。東京すし和食調理専門学校教育顧問、農林水産省日本食普及の親善大使などを務める日本を代表する気鋭の料理人。主な著書に、『日本料理　銀座小十』『本当においしく作れる和食』（共に世界文化社）、『焼く：日本料理　素材別炭火焼きの技法』（柴田書店）、『世界でいちばん小さな三つ星料理店』『三つ星料理人、世界に挑む。』『日本料理は、なぜ世界から絶賛されるのか』（すべてポプラ社）、『銀座小十の料理歳時記十二ヵ月　献立にみる日本の節供と守破離のこころ』『銀座小十の盛り付けの美学』（共に誠文堂新光社）がある。

その料理、秘められた狂気

2023年12月２日　初版第１刷発行

著　者　　奥田透
発　行　　フォルドリバー
発行／発売　株式会社ごま書房新社
〒167-0051
東京都杉並区荻窪4丁目32-3
AKオギクボビル201
TEL：03-6910-0481
FAX：03-6910-0482
https://gomashobo.com/

印刷・製本　精文堂印刷株式会社

ISBN978-4-341-08848-4